人民币为什么行

Why RMB is Strong

王文 贾晋京 编著

中信出版集团 · CHINACITICPRESS · 北京

图书在版编目（CIP）数据

人民币为什么行 / 王文，贾晋京编著 .-- 北京：
中信出版社，2016.11
ISBN 978-7-5086-6929-8

Ⅰ.①人… Ⅱ.①王… ②贾… Ⅲ.①人民币－国际
化－研究 Ⅳ.①F822

中国版本图书馆 CIP 数据核字（2016）第 262127 号

人民币为什么行

著　　者：王　文　贾晋京
策划推广：中信出版社（ChinaCITICPress）
出版发行：中信出版集团股份有限公司
（北京市朝阳区惠新东街甲 4 号富盛大厦 2 座　邮编　100029）
（CITICPublishingGroup）
承 印 者：北京诚信伟业印刷有限公司

开　　本：787mm×1092mm　1/16　　印　　张：17　　字　　数：230 千字
版　　次：2016 年 11 月第 1 版　　印　　次：2016 年 11 月第 1 次印刷
广告经营许可证：京朝工商广字第 8087 号
书　　号：ISBN 978-7-5086-6929-8
定　　价：58.00 元

人大重阳研究书系编辑委员会

前言

汇率是国势的温度计

2016年10月1日，人民币正式被纳入国际货币基金组织（IMF）的特别提款权（SDR）篮子，这意味着人民币的信用获得了全球央行的“背书”，上升到了类似于黄金的水平。为什么这么说？这件大事对于人民币、对于中国经济又将有着何等重要的意义呢？这就需要从SDR背后的全球货币秩序安排说起。

SDR创立于1969年，当时的世界经济大背景是1960~1968年发生了11次“黄金危机”。当初，1944年布雷顿森林会议在规划“二战”后世界经济秩序时，吸取了战前应对经济危机的经验与教训，认为金本位制下对黄金的相互争夺将导致国际经济失序乃至世界大战，于是设计出一个单一的世界货币秩序框架：各国央行的黄金全部存在美联储，而美联储发行的黄金借据——美元则作为世界货币使用，其他国家的货币全部与美元挂钩，美元与黄金之间则按照35美元等于1盎司黄金的固定比率挂钩。这种机械的顶层设计有其好处，使用单一世界货币，使得国际贸易过程更简洁，易于展开。却也有明显的缺点，经济发展需要更多货币，但黄金数量的有限性难以支撑货币数量的扩张。对于大量货币的需求，导致法国为首的欧洲国家在20世纪60年代不断要求从美联储撤回黄金，于是有了11次“黄金危机”。最终，美国不得不于1973年宣布放弃美元与黄金的挂钩，任由货币发行量飞涨，金本位制终结了。而“黄金危机”的另外一个重要后果就是，由“全球最终贷款人”IMF设立了SDR作为“纸黄金”，也就是由世界上使用最多主要货币，按权重构成一种“抽象黄金”，发挥与黄金一样的职能，作为各国央行的储备，其数量可以不受实体黄金的限制。

从“纸黄金”的创设过程，我们知道SDR本质上是一种稳定全球汇率的顶层设计，即便其占各国央行储备的比例很小，也不影响它的这一性质。它的性质决定了它的使用范围在必要的时候可以扩张。这就引出了一个关于货币的根本命题：什么是世界货币？它怎样才能稳定？

货币是用来交换其他物品的，它的交换能力（购买力）的强弱，决定了它的“受欢迎”程度。在国际上，一种货币能用来买到些什么，决定着它有多“受欢迎”。例如，人民币可以用来购买中国的产品，而中国生产的商品品种和数量都是世界上最多的，因此也就有很多的国家、企业和个人愿意持有人民币。与之形成对比的是，有的货币发行国只有几万人口，相应地其货币也就不可能在国际上有很大使用量。美元能够在“二战”后成为世界货币，是因为它成了唯一与黄金直接挂钩的货币，也就是美元以黄金为“锚”，而黄金则早在大约150年前就成为全球各地共同认可的唯一世界货币。然而，1973年金本位制终结之后，美元与黄金脱钩，它以什么为“锚”才能保持稳定？历史上发生的故事是：1974年美国与沙特达成石油只用美元结算的协议，等于把美元的“锚”重设在了石油上。石油作为世界上最重要的工业原材料和能源，每一个国家都须臾不可离。于是，美元就与工业社会的“血液循环”联系在了一起，这是美元继续保持世界货币地位的基础。

由此也可以说明，一种货币的用处大小，要看用它到底能买到些什么。用美元可以买到石油以及美国的产品；用欧元可以买到欧洲的产品；用日元可以买到日本的产品……然而，随着时间的推移，美国、欧洲、日本等各个国家的产品却在发生变化，于是，不同货币的用处大小也就发生了改变。过去，发达国家曾被称为“工业发达国家”，因为发达国家曾经拥有世界上大部分的工业产出，但是这个词现在已经很少用了，因为世界上大部分工业已不在发达国家。世界各国之中，变化最为显著的就是中国。举个例子来说，根据世界银行数据，以全球海关统一编码（HScode）计算，国际市场上一共有5052种商品，每种商品都会由某个国家占据“全球市场占有率第一”交椅，而一个国家总共在多少种商品上占据“全球市场占有率第一”交椅，很能说明该国的工业实力。如图1所示，2007~2014年，这个世界排名的前五位都不曾改变，依次为：中国、德国、美国、意大利、日本，然而，它们占据“全球市场占有率第一”的商品种数却发生了巨大变化，中国从2007年的1210种上升到2014年的1610种，德国从2007年的777种下降到2014年的700种，美国从2007年的665种下降到2014年的553种，意大利从2007年的340种下降到2014年的222种，日本从2007年的251种下降到2014年的172种。也就是说，只有中国的数据在快速上升，而其他主要经济体都在下降。这也是当今世界大势的反映：实体经济重心越来越向中国转移，许多原先主要在西方国家生产的工业产品，变成了主要由中国生产。相应地，人民币作为与“中国制造”关系最密切的货币，也就越来越多地被世界所需要。与此同时，西方国家的货币，能买到的工业品则相对变少，不过，能买到的债券倒是越来越多。

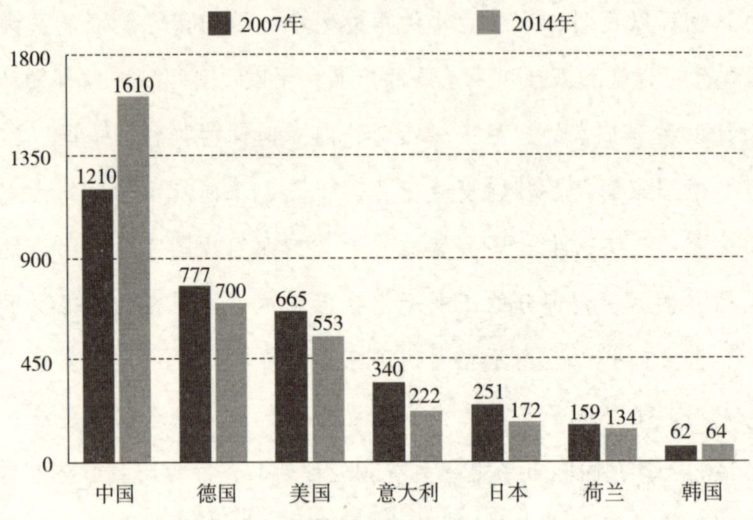

图1　各国出口市场占有率第一商品数量

数据来源：世界银行

由此，我们也可以认识到，货币之间的关系，反映着世界经济格局的变化，不过，却并非即时反映，而是要把“历史积累”和“未来趋势”这两大因素考虑进去。我们可以看到一个现象：主要经济体的货币都是高币值货币，也就是说，主要经济体的货币通常来说币值要高于发展中经济体的货币。拿SDR构成货币来说，英镑长期以“世界上币值最高的货币”自居，欧元、美元也都是币值很高的货币，日元乍看币值不高，但考虑到日元没有类似“角、分”的辅币单位，实际上也是高币值货币。为什么会有这样的现象呢？这是因为，在这些货币发行国的经济史中，都有过较长的货币升值时期。例如，1935年之前，1英镑长期等于5美元左右。1936~1949年则是美元的大升值周期，从4.7美元兑1英镑升值到2.8美元兑1英镑。1969~1995年，日元则经历了巨大的升值过程，从360日元兑1美元，升值到1995年4月的79.70日元兑1美元。而英镑、美元、日元在度过漫长的升值期之后，则进入相对较慢的长期贬值过程。可以看到，这种币值的变化过程，与国运的走势有相关性：国运上升期，则货币长期为升值走向；国运下降期，则货币长期为贬值走向。如果放在全球大格局中看，币值的长期升值（强势），代表着国力在全球的上升；币值的长期贬值（弱势），代表着国力在全球的下降。如果截取当前期来看，则可以说，高币值货币代表“家底厚”，低币值货币代表“家底薄”。

然而，国运、国力都只是币值的长期因素，汇率时常变动，因为还受到短期因素影响。有的国家国运、国力都进入下降期，但其货币的币值仍然很高，那是因为毕竟“瘦死的骆驼比马大”，在国际上仍是“势力很大”的豪强。这时，就有必要使用“国势”这个概念。《孙子兵法·势篇》说“激水之疾，至于漂石者，势也”，“势”是运动、变化、发展中的当前状态，以水来比喻，水的体量、速度与温度都构成“水势”的要素。与之相比，“国力”强调静态的实力，“国运”强调长时段的趋向。从这个意义上来讲，中国的国运、国力都处在上升期，而国势在每时每刻会略有涨落，但大势是在走强。因此，汇率堪称国势的温度计：汇率的涨跌体现着短时段国势的涨落，汇率的长期走向体现着国势的升降，而“温度”的高低即币值高低则体现着国势的历史积累。反映在人民币上，就可以说，短期看，人民币有涨有跌；长期看，人民币必将是强势货币。

如果再把人民币的汇率放在世界大势中看，则我们可以看到，纳入SDR，是人民币的强势崛起转化为制度性话语权更上一层楼。SDR作为各国央行储备货币的一部分，一定程度上扮演着金本位制时代黄金的角色。货币的地位，一方面靠硬实力，即能买到什么，另一方面靠软实力，即制度安排。现在，人民币已经兼具“软”“硬”两方面条件，毫无疑问，将踏上里程碑之后新征程。为了研究人民币所处的世界形势、改革大局与管理方略，中国人民大学重阳金融研究院特组织了“人民币汇率”课题加以研究，成果即为此书，欢迎读者朋友品鉴并不吝斧正。

目　录

导论 /1

大　局　篇

第 1 章　认识汇率

1.1　汇率是什么 /23

1.2　汇率与购买力 /26

1.3　汇率与利率 /28

1.4　汇率与生产力 /31

1.5　汇率与资产 /32

1.6　汇率与国家信用 /37

第 2 章　从大历史看汇率

2.1　从金本位制到世界大战 /41

2.2　注定会崩溃的布雷顿森林体系 /45

2.3　布雷顿森林体系崩溃之后 /49

2.4　2008 · 金融危机 · 汇率动荡 /53

第 3 章　“经济金融化”与当今的汇率

3.1　从资产证券化到经济金融化 /59

3.2　负利率到底有多厉害 /62

3.3　“暴涨暴跌”的全球汇率环境 /66

第 4 章　汇率大变局

4.1　各国宏观经济增速与汇率 /75

4.2　国际经济格局变化与汇率 /79

4.3　全球货币政策分化与汇率 /84

4.4　大宗商品市场和金融市场走势与汇率 /93

分　析　篇

第 5 章　理解人民币汇率

5.1　人民币汇率制度的发展 /103

5.2　人民币汇率形成机制 /105

5.3　外汇管理制度 /109

5.4　如何看待人民币汇率波动？ /112

5.5 人民币不存在持续贬值基础 /116

第 6 章 中国宏观经济与汇率

6.1 投资与汇率 /123
6.2 消费与汇率 /127
6.3 进出口与汇率 /130
6.4 资本市场与汇率 /134
6.5 房地产与汇率 /137

第 7 章 中国改革大局与汇率

7.1 汇率与对外开放 /147
7.2 汇率与国际贸易 /150
7.3 汇率与全球治理体制机制变革 /151

管 理 篇

第 8 章 宏观认识：从中国崛起高度认识汇率问题

8.1 从估值认识到世界观 /161
8.2 中国金融发展战略与金融强国 /165
8.3 中国特色人民币治理体系 /169

第 9 章 制度完善：通过金融改革做强人民币

9.1 经济与金融改革：做强人民币的基石 /177

9.2 健全多层次资本市场体系：做强人民币的关键 /182

9.3 完善国际货币体系：做强人民币的“助推器” /187

第 10 章 人民币国际化：让中国经济走向世界

10.1 作为储备货币 /193

10.2 作为投资货币 /197

10.3 作为贸易货币 /201

10.4 作为世界货币 /204

第 11 章 全局把控：以宏观调控应对汇率波动

11.1 汇率波动对宏观经济的影响 /213

11.2 宏观调控对稳定汇率波动的意义 /218

11.3 中国应对汇率异常波动的宏观调控手段及作用 /220

11.4 提高人民币汇率宏观调控效应的建议 /222

第 12 章 预期管理：增强人民币的“话语权”

12.1 人民币汇率预期管理的重要性 /229

12.2 汇率预期管理的国际经验及启示 /230

12.3 人民币汇率预期管理 /234

12.4 预期管理是汇改核心 /238

参考文献 /241

后　　记 /249

导　论

加入SDR后的汇率预期与中国崛起

2016年10月1日，人民币被正式纳入国际货币基金组织（IMF）的特别提款权（SDR）货币篮子，这标志着人民币正式成为全球五大储备货币之一，这是人民币国际化的一个历史性时刻。对于人民币，对于中国，对于中国的未来，这意味着什么？要回答这些问题，可以先从这个历史时刻倒推大约一年，看看这一年来，人民币都经历了什么，光是这个故事，其内涵都丰富到足以用一本书来讲述。

时光倒退至2015年8月11日，这一天，中国人民银行宣布进行人民币汇率形成机制改革，完善中间价定价机制，将上一交易日即期汇率收盘价、外汇市场供求状况以及国际主要货币汇率变化作为中间价定价的主要参考标准。受此影响，离岸人民币兑美元即期汇率发生大跌，跌幅达到1.87%，创下1994年人民币官方与市场汇率并轨以来的最大单日跌幅。这也引起了我国资本市场的连锁反应，在此之后十多天内，沪证指数下跌接近千点。

这次汇改也引起了全球资本市场的轩然大波，在之后的差不多20天的时间里，美国标普指数下跌了近10%；马来西亚林吉特创造了1997年亚洲金融危机以来的新低；韩元汇率的跌幅超过20%。其间商品市场也变得非常动荡。在汇改第二天，美国基准油价创六年来新低，纽约商品交易所9月交货的轻质原油期货价下降4.2%，布伦特原油期货价下降2.4%，而黄金期货价则走高，使得当年12月交割的黄金期货价格上升3.2%。

同样的情形在2016年初又发生一次，在众多因素的共振下，人民币兑美元汇率在1月4日、1月6日两天分别贬值599点与519点，加上1月7日，三天内人民币汇率最大贬幅分别为663点、860点和610点，其幅度接近甚至超过1%。上证也下跌了超过10%。受人民币汇率波动的影响，全球主要国家的股市都不同程度地下跌。

由此可以看出，人民币汇率的稳定，不仅关系到我国资本市场、经济发展的稳定，而且波及全球。

走向市场化的人民币汇率

改革开放以来，我国对汇率形成机制进行过多次改革。1994年，我国实行了以市场供求为基础、有管理的浮动汇率制的改革，人民币以盯住美元为主。1994年4月，我国开始实行银行结汇制，建立了全国统一规范的银行间外汇交易市场，这次改革完全符合了国际货币基金组织倡导的单一汇率精神。当时，人民币一次性贬值33%，美元兑换人民币的比率为1:1.70。这次人民币贬值后，我国对外贸易快速发展，外汇储备量大幅上升。

1997~2004年，人民币汇率基本盯住美元，汇率走势在较窄范围内浮动，人民币对美元汇率几乎固定在1:8.27，在此期间波幅上下不超过0.0411%。尤其在亚洲金融危机期间，我国政府承诺人民币不贬值。但在此期间，人民币对其他币种的汇率波幅却较大，典型的例子即为人民币对欧元的汇率，人民币对其汇率在三年间从1:7.2877跃至1:11.0816，波动幅度达到52.06%。

2005年7月21日，我国对人民币汇率机制再一次进行了重大改革，即按照主动、渐进、可控的原则，实行以市场供求为基础、参考一篮子货币进行调节、有管理的浮动汇率制度。建立健全以市场供求为基础的有管理的浮动汇率制度，人民币对美元汇率中间价一次性调高2%，并于2007年完全取消强制结售汇制度。

此后，人民币对美元汇率开始逐渐升值，美元兑人民币由8.2左右，一路爬升到6.2左右。虽然这次汇改要求参考一篮子货币，但是市场还是以参考人民币兑美元的双边汇率为主，也就是说我国过去汇率政策的“汇率锚”是人民币兑美元的双边汇率。

正是因为人民币汇率形成机制存在这样的“先天缺陷”，使其成为阻碍中国资本项目开放、人民币国际化和增强货币自主权的关键因素。由于人民币汇率中间价的非市场化定价以及汇率涨跌幅限制的存在，使得汇率价格不仅不能真实地反映市场供求关系，还使得央行人民币盯住美元机制的安排也一直处于被动的困境。

随着美元在2014年年底退出量化宽松并逐步进入加息周期的进程，美元逐渐升值，人民币也相应地被动升值，这也进一步影响了我国的出口贸易。因此，完善人民币汇率形成机制、增强人民币汇率弹性，进而反映市场的真实供需关系的汇改势在必行，这也成为2015年8月11日汇改的主要目的。

此次对汇率中间报价做出调整，是汇率形成机制市场化的重要一步。从政策效果而言，人民币中间价报价机制改革弱化了美元对人民币的影响，人民币汇率更能反映国际贸易的实际情况，但这在一定程度上，的确放大了人民币汇率的波动幅度，但这与持续性货币贬值有本质区别。

一方面，汇改新政有利于市场发挥更大的作用，减少汇率的行政干预，提高汇率弹性，使得人民币“离岸市场”与“在岸市场”汇率保持一致。作为汇率改革的下一步，央行可能在未来面向合格境外主体扩大在岸外汇市场的准入程度，加强在岸与离岸市场间的联系，促进形成境内外更加一致的人民币汇率。

另一方面，此次汇改也有助于一次性消除中间价的政策性扭曲，推动人民币与美元汇率中间价接近市场均衡价格。特别是没有选择持续贬值而是采取一次性大幅贬值，体现了央行在长期被动中换取短期主动的举措，是短期对人民币过度升值、回归合理币值的校正。

同时，汇率缺乏弹性是人民币加入 IMF 特别提款权的一大技术障碍。迈向更为市场化的汇率形成决定机制也是人民币加入 SDR 货币篮子的前提和先决条件。IMF 在关于中国经济的“第四条款磋商”年度报告中指出，人民币实际有效汇率在过去一年里大幅升值，当前人民币币值不再被低估。

为了使人民币与美元进一步脱钩，2015 年 12 月 11 日，中国外汇交易中心在中国货币网正式发布 CFETS（中国外汇交易中心）人民币汇率指数，该指数的公布，为市场转变观察人民币汇率的视角提供了量化指标，以更加全面和准确地反映市场变化情况。自 2016 年 4 月开始，人民银行同时发布以美元和 SDR 作为报告货币的外汇储备数据。SDR 作为一篮子货币，其汇率比单一货币更为稳定，这有助于降低主要国家汇率经常大幅波动引发的估值变动，更为客观地反映外汇储备的综合价值，也有助于增强SDR作为记账单位的作用。

由此，通过我国汇改的过程可以看出，汇改的目标就是逐步实现人民币汇率的市场化，而这个目标正在一步步接近。

大国崛起，其货币必然国际化

只有市场化的货币，才能成为国际货币。因为只有在国际经济活动中被接受认可的货币，才可以在国际市场上发挥出价值存储、交易媒介、记账单位等基本职能，逐步成为国际货币。从中世纪以来，紧密跟随着大国崛起的步伐，先后有荷兰盾、英镑、美元、欧元等货币发展成为国际货币。历史经验表明，大国崛起，其货币必然国际化。

17~18世纪，荷兰处于欧洲的经济核心，在国际贸易中发挥着举足轻重的作用，被誉为“海上马车夫”。当时，荷兰在人均收入、商船数量、外贸总额、海外资产等指标上远远超过了英国、法国和德国，占据着航海和商业领域的霸权地位。同时，荷兰还构建了一个健全高效的金融体系，阿姆斯特丹成为当时的银行、金融和国际商业中心，荷兰盾处于国际经济体系的核心位置，控制着欧洲的国际资本市场。

随后，荷兰逐渐衰落，英国不断崛起。1680~1820年，荷兰的收入每年下降0.2%，而英国的收入却每年增长2%。到1820年，荷兰占世界航运能力的比重下降到2%左右，而英国却上升到40%。工业革命大大提高了生产力，伴随着经济的快速发展，英国也不断进行海外殖民扩张，发展成为

“日不落帝国”，在世界经济和国际贸易中占据主导地位。从1821年开始，英国实行金本位制，1英镑可兑换7.32238克黄金。一直到20世纪初，英镑一直是全世界最为重要的国际货币，伦敦也发展成为世界金融中心，时至今日依然占据着举足轻重的地位。

随着第一次、第二次世界大战的爆发，英国的综合国力遭受重创，英镑的国际地位逐步下降。在“二战”之后资本主义世界经济中，美国工业生产量占2/3、外贸出口额占1/3、黄金储备占3/4，使得美国一跃成为全世界最强大的国家。1944年7月，44个国家在美国新罕布什尔州的布雷顿森林召开了联合国货币金融会议，一致通过《联合国货币金融会议的最后决定书》《国际货币基金组织协定》《国际复兴开发银行协定》，确立了美元与黄金挂钩、其他国家与美元挂钩、实行可调整的固定汇率制度。布雷顿森林体系的建立确立了美元在国际货币体系中的主导地位。此后，由于四次美元危机的爆发，美元与黄金脱钩，主要国家货币与美元脱钩，美元国际地位受到较大削弱，但直到今天，美国依然是世界上综合国力最为强大的国家，美元依然是世界上认可接受程度最高的国际货币。

出于对两次世界大战的深刻反思，战后欧洲逐步推动一体化进程。1950年9月1日，欧洲16国建立了欧洲支付联盟，首次将货币问题作为首要讨论对象在区域内进行磋商。1969年3月，当时欧共体的6国领导人在荷兰海牙提出了建立欧洲货币联盟的构想。1971年3月，“维尔纳计划”正式通过，提出要在10年内分三个阶段建成欧洲经济货币联盟，最终以单一货币取代各国货币。虽然该“计划”由于后来的石油危机和金融风暴未能成行，但是在建立欧洲单一货币的道路上迈出了第一步，具有十分重要的意义。1991年12月10日，欧共体首脑会议通过《马斯特里赫特条约》(以下简称《马约》)，同意在经济与货币联盟、共同外交与安全政策、协同各国内政与司法事务三大基础上建立欧盟。1993年11月1日,《马约》生效，欧盟正式成立，成为世界政治经济舞台上的重要一极。1999年1月1日，欧元正式启动，并逐步发展成为世界上仅次于美元的第二大贸易货币和储备货币。

从历史经验可以看出，一个国家或地区在世界舞台上的崛起，通常也紧密伴随着该国货币的国际化进程，两者相辅相成、互相促进。一国货币走出本国，在周边、区域、全球三个层面上得到更加广泛的接受和信赖，更为频繁地在国际贸易结算、国际投融资活动中发挥重要作用，也能为该国在世界格局中提升地位、扩大影响力提供坚实有力的支撑。

这些年，人民币都经历了什么

自2005年汇改到2013年，人民币汇率基本保持单边升值的趋势，与此同时，我们也看到我国GDP（国内生产总值）在世界上的排名基本上按照每年前进一名的速度，从2005年的世界第五名，至2009年跃居为世界第二位，目前，我国GDP总量已经是排名第三的日本的2.5倍左右。非常明显，随着中国经济的崛起，人民币也在崛起。自2015年“8·11”汇改引起的全球资本市场震动，充分说明了人民币已经成为世界上不可忽视的力量。

自2008年以来，国际货币体系改革呼声高涨，降低对美元的过度依赖、提高发展中国家国际货币话语权成为必然趋势。中国是最大的发展中国家，也是世界第二大经济体，在推动国际货币体系改革问题上必须有所担当，人民币国际化也提上日程。2014 年，人民币国际化进程加速，特别是“一带一路”建设将为人民币国际化提供重大历史机遇。2014 年 5 月 21 日，习近平在亚信峰会上做主旨发言时指出：中国将同各国一道，加快推进“丝绸之路经济带”和“21 世纪海上丝绸之路”建设，尽早启动亚洲基础设施投资银行，更加深入参与区域合作进程，推动亚洲发展和安全相互促进、相得益彰。“一带一路”是由我国主导开启的全新经济区域化模式，不仅有利于国内西部开发与经济的可持续发展，也有助于构建全新国际经贸秩序，开拓人民币国际空间。同时，人民币国际化也是维护中国国家利益、推动经济社会发展的新动力，已成为新时期的重要国家战略之一。

2008 年的金融危机，对我国造成的影响也在逐渐显现。2015 年全球金融市场呈现出与往年不同的走势与变化，但本质与实质并未发生根本性的转折与调整，焦点话题与预期前景未严重偏离事实，主要体现之一是去年我国资本市场经历了股市的暴涨暴跌，但是，我国经济潜力足、韧性强、回旋余地大，随着我国在结构性改革以及企业转型升级方面取得的进展，经济发展前景比较光明。

根据国家统计局的数据，2015 年我国国内生产总值为 676708 亿元，比上年增长 6.9%。其中，第一产业增加值 60863 亿元，增长 3.9%；第二产业增加值 274278 亿元，增长 6.0%；第三产业增加值 341567 亿元，增长 8.3%。

2015 年货物进出口总额 245741 亿元，比 2014 年下降 7.0%。其中，出口 141255 亿元，下降 1.8%；进口 104485 亿元，下降 13.2%。货物进出口差额（出口减进口）36770 亿元，比 2014 年增加 13244 亿元。虽然进出口总额下降，但是我国出口额在全球的占比却在上升，由前一年的 12%

上升至 13%。

虽然 2015 年经济发展遇到很多困难，但是我们仍然可以发现，我国经济存在很多的亮点，对世界增长的贡献率超过 25%。从消费来看，2015 年我国实现社会消费品零售总额 30.1 万亿元，增长 10.7%，消费对经济增长贡献率达到 66.4%，比 2014 年提高 15.4 个百分点。从进出口来看，全年货物贸易顺差达到 5930 亿美元，增长 55%，为维护国家金融安全发挥了重要作用。从国际投资来看，全年实际使用外资 1262.7 亿美元，增长 5.6%；全年对外投资 1180.2 亿美元，增长 14.7%，2015 年末对外直接投资存量首次超过万亿美元大关。

我国的经济结构也在进一步优化。2015 年，外贸流通结构优化更加明显，中国实物商品网上零售额 3.2 万亿元，同比增长 31.6%，占社会消费品零售总额的比重达到 10.8%。尤其是诸如乡村流通市场这样的新格局正在形成。进出口目的地以及产品结构也更加优化。2015 年，新兴市场、民营企业、一般贸易出口占比分别提高 0.4、2 和 2.1 个百分点。其中大型成套设备出口增长了 10%，轨道交通、航空航天等技术、资本密集型产品出口增长超过了 15%，机车车辆出口增长 30%。2015 年，跨境电子商务增速高达 30% 以上，市场采购贸易方式出口增速超过 70%。

与此同时，中国走向世界的步伐也在稳步向前，“一带一路”进展明显。2015 年，中国与“一带一路”相关国家双边贸易总额达 9955 亿美元，占全国贸易总额的 25.1%；中国企业对相关国家直接投资 148.2 亿美元，相关国家对华投资 84.6 亿美元，同比分别增长 18.2% 和 23.8%。中国亦已与相关国家合作建设了 50 多个境外经贸合作区。

2016 年 10 月 1 日，人民币被正式纳入 SDR“篮子”。在新的 SDR 篮子中，美元、欧元、人民币、日元、英镑所占比例分别为 41.73%、30.93%、

10.92%、8.33% 和 8.09%，其中，人民币的占比超过日元与英镑，成为 SDR 中第三大组成货币。从 2016 年第四季度起，IMF 也在其全球官方外汇储备币种构成报告（COFER）中把人民币列入，这标志着 IMF 成员国可以持有人民币资产以随时满足国际收支融资需求，即人民币计价对外资产正式成为国际储备。

可以说，中国经济保持中高速发展为人民币的稳定提供了坚实的基础，在以市场供需为主的情况下，人民币汇率不仅没有长期贬值的基础，而且将随着中国经济的进一步壮大，也必将成为世界上的强势货币。

如何看待人民币汇率预期

随着我国对外开放以及经济发展，外汇储备也逐渐增多。1978 年，我国 GDP 只有 3650.2 亿元，外汇储备只有 1.67 亿美元，到 2015 年，我国 GDP 增长到 67.67 万亿元，外汇储备增长到 3.33 万亿美元。

而随着中国国力的不断增强和国际地位的显著提升，世界各国对人民币的认可度也不断提升，人民币的国际使用稳步扩大，国际合作成果显著，有关改革举措取得明显进展。据环球银行金融电信协会（SWIFT）统计，到 2016 年 3 月，人民币已经成为全球第二大贸易融资货币、第五大支付货币和第七大储备货币。因此，中国经济金融领域的任何改革调整都可能产生非常巨大的国内外影响。

毋庸置疑的是，人民币汇率的单边剧烈波动对我国经济社会发展甚至全球金融市场都会造成较大的负面影响，只有明确汇率波动背后的原因，才能对症下药，进一步深化人民币汇率市场化的改革，维持人民币汇率在合理均衡水平上的基本稳定。西方经济学的汇率决定理论主要包括有国际借贷学说、购买力平价学说、利率平价学说、国际收支说、资产市场说、货币分析法等，但是每一种理论只能解释汇率波动的某一方面，同一种理论在不同时间不同环境下的解释能力也不尽相同。根据国际通行标准，经常项目余额/GDP在[-4%，4%]的区间意味着该国汇率已接近均衡汇率水平，而我国经常项目顺差与GDP之比已连续多年低于3%，2013年仅为1.4%，2014年为2.1%，2015年前三季度为1.9%，人民币汇率已接近均衡水平。在人民币不存在持续贬值的情况下，在“8·11”汇改之后出现大幅贬值，很大程度上是因为汇率预期导致的市场恐慌。

影响人民币汇率预期的因素主要包括：（1）中国经济下行压力较大，国内外出现了较多关于中国经济硬着陆的负面舆论。（2）国际投资者对中国银行业呆坏账增多、地方政府融资平台债务风险的担忧。（3）中国房地产市场去库存压力凸显，未来房价走势出现分化。（4）股票市场暴涨暴跌，上证指数在2015年6月15日达到5176.79高点之后急转向下，引发市场恐慌和大面积踩踏。（5）由于美元走强，人民币被动升值，从2014年初至2015年7月，人民币名义和实际有效汇率指数分别升值了11.6%和11.3%，在中国出口乏力的情况下，国际市场产生人民币贬值预期。（6）人民币境内外汇率差价（即境内CNY（在岸人民币）同境外CNH（离岸人民币）的差价）拉大。2014年4月初至2015年6月底，人民币境内外日均汇差57个基点，与2012年外汇供求基本平衡时期日均差价61个基点基本持平，显示人民币汇率预期基本稳定。但是从2015年7月初至12月底，境内日均汇差352个基点，远高于此前57个基点的日均水平。其中，8月

11日~12月31日日均差价更是高达440个基点。（7）我国资本外流压力加大。2014年下半年以来，我国跨境资金由净流入转为净流出，且流出压力持续加大。2014年第三、四季度银行结售汇逆差分别为160亿美元和465亿美元。2015年全年银行结售汇逆差4659亿美元，其中，第一季度逆差914亿美元，第二季度逆差收窄至139亿美元，第三、四季度逆差扩大至1961亿美元和1644亿美元。（8）由于美元升值和加息预期，人民币单边贬值预期刺激国内企业集中购汇，加速偿还美元债务。（9）2015年年初以来，全球大多数国家货币对美元贬值。在Bloomberg（彭博）跟踪统计的142种（准）货币中，共有117种对美元贬值，平均贬值幅度达8.91%，新兴市场国家货币贬值幅度多数超过20%，俄罗斯、巴西等新兴经济体的发展前景更是不容乐观。与之相比，人民币对美元仅贬值4.46%，国际市场因而存在较为浓厚的看空人民币的情绪。

在当前全球市场，汇率变化很大程度上与市场预期有关，与实际贸易及实体经济状况关联并不大，目前全球市场98%以上的汇率交易都是由市场的预期来决定的。“8·11”人民币汇改之后汇率的急剧波动也进一步凸显了管理人民币汇率预期的重要性。一方面，随着我国人民币市场化改革的进一步深化、央行常态化干预的退出以及跨境资金流动规模的不断扩大，人民币汇率在众多市场主体的博弈下产生预期分化，双向波动将逐步成为“新常态”，市场震荡加剧甚至出现超调也是很有可能的，这是人民币汇率改革必然会经历的“阵痛”。另一方面，由于单边汇率预期一旦形成就具有较强的自我强化机制，在互联网和移动互联网高度普及的今天，人们获取信息的方式更加“碎片化”，很容易被片面、夸张、虚假的信息所误导，选择性地重视或者忽视某方面的信息，从而强化单边预期，引发集体性的非理性决策。因此，市场预期要重视但不能盲从，即使是市场上绝大多数人的预期，也未必见得一定正确。在此背景下，人民币市场化改革一方面要注重发挥市场配置资源的决定性作用，同时还要更好地发挥政府作用，加强对市场预期的沟通与引导。

短期波动不影响人民币长期强势

在凯恩斯构建的宏观经济模型中，将金融交易作为不确定的、充满风险的经济行为来分析。他认为，人们在思考未来可能出现的情况时，一般都立足于现在，并且往往认为未来和现在毫无二致；判断当前的价格及产品的特性时，往往容易过于乐观，尽量往好处想；同时，人们都知道个人的判断不足为信，认为其他的经济主体比自己更见多识广，因而往往将自己的行为与其他大多数人的步调保持一致，结果形成了“羊群效应”。

未来往往是无法预知的，人们的预期有可能突然发生很大变化。凯恩斯强调，长期预测是在缺乏事实根据或者依据不充分的情况下形成的，从而使信心难以确立起来。因此，长期预期容易受到心理因素的左右，信心也易于动摇，建立在这个基础之上的投资活动只能不断地发生变化。

即使我国的经济基础仍然稳固，发展前景仍然光明，但是，不可否认，从2015年以来，一些新的状况开始出现，中国资本外流比较严重，对人民币汇率的影响也越来越明显，根据凯恩斯的看法，这些新的状况很可能会引起人民币汇率的大幅波动。

首先，美元进入升值周期的影响。从2014年年中开始，美元指数开始重拾升势。在2014年下半年到2015年年底，在很短的时间内，美元指数上涨幅度非常大，从80升到100，涨幅有25%。正是由于美元指数出现了急剧的拉升，我们可以看到，过去一年多，面临资本流出压力的不仅是中国。马来西亚、韩国、巴西、俄罗斯、沙特阿拉伯等新兴经济体，都面临着资本流出和汇率贬值的问题。欧元和日元相对美元也贬值很多。

其次，人们对中外经济的判断发生了改变。由于跨境资本对中国经济发展趋势的看法发生了改变，从而对中国自身金融和实物资产回报率的预期也发生了改变，进而对人民币的看法也就发生了变化。

出现这种情况非常关键的原因是产能过剩局面的逐步形成。在钢铁、煤炭、电力，包括在汽车等很多领域，在新一轮大规模建设之后，产能开始逐步释放并开始投放市场，这驱动了实物资产回报率从非常高的位置较快下降，并带动信贷市场、债券市场等广泛的金融市场上利率水平的走低。随着美国实体经济的趋势改善、金融市场预期回报率的上升，支撑了强势美元。尤其是美元进入加息预期，那么资本自然会大量地流出中国。

当然还存在其他影响人民币汇率的因素，比如说欧央行、日本央行的一些货币政策，新兴经济体的经济情况等，这都影响到人们对人民币的信心。从2014年以来，我国一直保持世界最大货物进出口国的地位，是世界上100多个国家和地区的最大贸易国。同时，中国也是世界上最大的制造业国家，如果以美元市价汇率计算，2014年，中国制造业的产出比美国多60%，大约是德国的3.5倍，大约是日本的4倍。因此，在这种情况下，世界上很多国家的汇率与人民币联系是非常紧密的，而长期以来，人民币汇率实行盯住美元的政策，以中国经济在世界上的重要性，决定了人民币的波动，必定带来世界资本市场的波动。因此，如何做好人民币汇率的预期管理，不仅关系到中国资本市场和经济的问题，也关系到世界经济的平稳发展。

总的来说，人民币波动与否，会受到多种短期因素影响。但决定长期走势的，是中国经济的增长前景。因此，短期波动不会影响人民币从长期来看必将是强势货币。

大 局 篇

第 1 章　认识汇率

加入 SDR 使人民币汇率成了一个热门话题。“SDR 时代”的人民币汇率应当怎么看？它与哪些因素相关呢？实际上，汇率作为两种货币之间的比值，其变化与两者背后的发行国之间的经济关系相关。与哪些经济关系相关呢？概括起来，与购买力、利率、生产力、资产价格乃至国家信用有关。让我们对这些因素与汇率变化之间的关系做一个梳理，然后才便于从更宏大的世界风云变幻中去探究汇率的故事。

1.1　汇率是什么

汇率（Foreign Exchange Rate）又称汇价，是一种货币与另一种货币相互交换的比率或比价，也可以称为以一种货币买卖另一种货币的价格。外汇是指以外国货币表示的资产，可以在国际市场上兑换、买卖。

外汇作为一种特殊的商品，其标价即汇率。不同的货币之间可以相互标注对方的价格，既可以用本币表示外币的价格，又可以用外币表示本币的价格，因此确定两国之间的汇率，首先就是需要明确用哪个国家的货币作为标准，也因此产生了汇率的标价方法。根据标准货币的不同，汇率的标价方法一般分为直接标价法与间接标价法。

直接标价法（Direct Quotation）指的是一定单位的外国货币（1，100，10000）为标准，折算成若干数量的本国货币的汇率标价方法，即用本国货币表示外国货币价格的方法。例如 2016 年 5 月 4 日，我国银行间外汇市场上美元兑人民币的汇价为 649.43，即 100 美元等于 649.43 人民币。直接标价法的特点是外币的数额固定，作为单位货币，其可兑换的本币的数量随着汇价的变化而变化，本币作为计价货币。因此，如果一定数额的外币折算所得的本国货币数额增大，表示外币的升值与本币的贬值；反之，如果一定数额的外币折算所得的本币数量减少，则说明外币贬值，本币升值。例如，如果一周后人民币的汇率从 649.43 变化为 640，则说明这段时间，人民币相对于美元升值。

间接标价法（Indirect Quotation）指的是以一定单位的本国货币（1，100，10000）为标准，折算成若干数量的外国货币的汇率标价方法。例如，2016 年 5 月 4 日，伦敦外汇市场上英镑兑美元的汇价为 1.448，意味着 1 单位英镑可以折算成 1.448 单位美元。间接标价法的特点是，本币的数额固定，其可以折算成的外币数量随着汇价波动而改变。如果一定数额的本币折合外币的数额增加，说明本币升值、外币贬值；反之，如果一定数额的本币折合外币的数额减少，说明本币贬值、外币升值。例如，如果一周后英镑的汇率从 1.448 变化为 1.428，则说明这段时间，英镑相对于美元贬值。

直接标价法与间接标价法都是针对本国货币与外国货币之间的关系而言的，目前世界上采用间接标价法的国家主要是美国、英国、英联邦国家、欧元区国家，其余的国家大多数采用的是直接标价法，包括我国。英国作为最早发展资本主义的国家，在国际经济与金融领域长期处于支配地位，英镑曾经是世界贸易计价结算的核心货币，因此伦敦外汇市场上的英镑兑任何货币都采用了间接标价法。第二次世界大战之后，美国的经济实力跃居世界第一，美元的实力也随之增强，从 1978 年 9 月 1 日起，纽约外汇市场开始改为间接标价法，以美元为标准公布美元与其他国家货币的汇价，但是对英镑和爱尔兰镑仍然延续直接标价法。此外，欧元、澳大利亚元、新西兰元在外汇市场上也采用间接标价法。

汇率代表两种货币之间的汇兑比率，在实际应用中，汇率可以从不同的角度划分为不同的种类：

根据外汇交易成交后的交割时间，汇率可以分为即期汇率与远期汇率：即期汇率（Spot Exchange Rate）又称现汇汇率，是在即期外汇交易中所使用的汇率，是交易双方达成交易协议后一般两个工作日之内进行交割的汇率。即期汇率由即期外汇市场的供需所决定，是外汇市场的基本汇率。远期汇率（Forward Exchange Rate）也称期汇汇率，是外汇交易双方达成买卖协议，约定在未来某一时间进行外汇实际交割时所使用的汇率。该汇率是基于预期的，是未来交割所约定使用的汇率，与未来交割时的市场现汇汇率一般存在着差异。

根据银行买卖外汇的角度，汇率可以分为买入汇率、卖出汇率与中间汇率。买入汇率又称买入价（bid price/buying price），是指银行从客户或者同业手中买进外汇时所使用的汇率，卖出汇率又称卖出价（ask price/selling price）是指银行向同业或者客户出售外汇时所使用的汇率，中间汇率又称中间价（middle rate），是买入价与卖出价的算术平均价，银行一般不挂牌中间价，多见于媒体报道或者经济分析中。买入价与卖出价之间的差额，就是银行从事外汇买卖交易的收益，在直接标价法下，较低的价格为买入价，较高的价格为卖出价。

汇率还可以按照是否经过通货膨胀调整分为名义汇率（Nominal

Exchange Rate）、实际汇率（Real Exchange Rate）；根据汇率制度分为浮动汇率（Floating Exchange Rate）、固定汇率（Fixed Exchange Rate）；根据外汇管制程度分为官方汇率（Official Exchange Rate）与市场汇率（Market Exchange Rate）。

汇率会受到外汇市场供需双方、货币发行国的宏观经济等多方面的影响，一般认为主要因素包括：（1）国际收支状况，其中最重要的是贸易收支项目。国际收支或者贸易收支为顺差时，本国出口所获得的外汇收入大于进口所需要的外汇支出，因此存在着外汇供给过剩，因此本币对外汇升值，反之亦然。（2）通货膨胀率，一般而言，一国出现通货膨胀意味着该国货币所代表的价值下降，其实际购买力下降，对外比价也会下降。（3）利率，一国利率的上升，代表该国金融资产对本国和外国的投资者吸引力上升，从而导致资本内流，对本国的货币需求上升，本币相对于外币升值。（4）经济增长率，一般而言，一国的实际经济增长率相对于别国上升，会使得该国增加对外国商品和劳务的需求，因此外汇需求上升，本币相对于外币贬值。（5）其他因素：一国的经济实力、财政政策、货币政策、对外汇市场的干预、政治与突发事件、心里预期等多种因素都会影响汇率。

1.2 汇率与购买力

货币的购买力指的是单位货币在一定的价格水平下能购买到的商品与劳务的能力。一种货币的汇率与其购买力之间存在着紧密的关系，事实上，购买力平价定律被认为是现代汇率理论的基础，其核心思想是长期均衡汇率应由两个国家的物价水平之比而确定。

1914 年，第一次世界大战爆发，传统的金本位制度崩溃，各国的货币发行不再受黄金量的约束，致使物价水平猛涨，各国货币之间的汇率也发生巨大波动。1922 年，瑞典经济学家卡塞尔（Cassel）系统详细阐述了汇率的购买力平价学说。

购买力平价学说成立的首要条件是一价定律（Law of One Price，LOOP），也是商品市场的无套利定价原理。假设两国进行自由贸易，只考虑可贸易商品，不考虑交易成本与贸易壁垒，那么同质商品在世界不同地区若用同一种货币表示，其价格应该相同。例如，一杯星巴克大杯拿铁在美国卖 5 美元，在中国卖 30 元人民币，两国之间的汇率为 USD 1=6CNY。一价定律通常设定，两国市场完全竞争，厂商作为价格接受者，本国商品与外国商品完全可替代，国际贸易是完全自由的。

如果将一价定律推广到所有的可贸易商品，则可以得到购买力平价定律（Theory of Purchasing Power Parity，PPP）：一国货币的价值在于这种货币的购买力，两国货币的购买力之比是决定其汇率的基础，汇率的变动来自于两国货币购买力之比的变化。具体可分为绝对购买力平价与相对购买力平价。

绝对购买力平价理论用于解释某一时点上汇率的决定。商品的套购活动使得“一价定律”得以实现，从而引起汇率水平的调整，使得两国货币汇率等于两国物价水平或者购买力的比值。

相对购买力平价理论则用于解释一段时期内，汇率的变化与两国物价水平变化之间的关系。例如，某年，美国的通货膨胀率为 5%，同期日本的通胀率为 3%，那么日元应该升值 2%，使得两国货币的购买力一致。

此外，实际汇率与购买力平价之前还存在着一定关系：实际汇率在名义汇率的基础上调整了物价水平。外汇物价水平的上涨与外币贬值对实际汇率的影响是相互抵消的，若名义汇率的变动完全被两国间的相对物价水平变动所抵消，则实际汇率保持不变

购买力平价定律将汇率与货币的购买力结合起来，揭示了某一时刻的汇率水平与某一时期汇率的变化与两国物价之间的关系，是汇率决定理论中最基本也是最具有影响力的成果，同时，购买力平价也被普遍作为汇率的长期均衡标准而被应用于其他汇率理论的分析中。

购买力平价的理论基础是货币数量说，货币供应量决定单位货币的购买力，货币购买力的倒数是物价水平，因此，购买力平价理论认为，货币数量决定货币购买力和物价水平，从而决定汇率。

但是由于该学说没有考虑不可贸易商品、交易成本、贸易壁垒、资本流动等因素，同时在物价指数的编制上也存在着一定的技术性问题，在现实中，我们观察到至少在短期内汇率水平与购买力平价存在着较大偏离，但是长期看来，购买力平价理论仍能较好地描述汇率走势。如 20 世纪 70 年代末期，美国的通货膨胀率明显高于德国以及其他工业化国家，美元兑德国马克以及其他工业化国家的货币出现急剧贬值。

1.3 汇率与利率

汇率可以看作是一国货币对外的价格，利率可以看作是货币对内的价格。利率与汇率之间也存在着密切的关系。利率平价说（Interest Rate Parity）

的理论渊源可以追溯到 19 世纪下半叶，1923 年由英国经济学家凯恩斯在《货币改革论》中系统提出，其核心是无套利思想，汇率的远期升贴水率等于两国利率之差。

套利（Interest Arbitrage）指的是套利主体利用两国货币市场之间短期利率的差异，将资金从利率较低的国家转移到利率较高的国家从而赚取利息差额的一种行为，套利行为会推动外汇市场上外汇供需的相对变化，使得汇率水平发生改变，最终使得套利收益小于等于套利成本，外汇市场与货币市场同时达到均衡。

例如，假设一年期美元存款利率为 5%，同期人民币的存款利率为 3%，这就存在套利空间。假设不存在资本管制，资本完全自由流动，你有 60 万元人民币存款，现在 USD 1=CNY 6，你可以将 60 万人民币的存款存在国内，一年存款期满时本息为：60 万人民币 ×（1+3%）=61.8 万人民币，你也可以在期初时将人民币兑换成 10 万美元，存到美国，存期一年。一年后美元存款本息为：10 万美元 ×（1+5%）=10.5 万美元，然后你再按照相应的汇率将美元兑换为人民币，假设一年后人民币与美元的汇率仍然为 6，那么可以兑换 63 万人民币，相比于国内存款多收入了 1.2 万人民币，由于存在着套利空间，那么期初大家都会将人民币换为美元，一年期后，则将美元换回人民币，这时候外汇市场上美元的相对供给会上升，人民币的相对需求会增加，因此人民币会升值，在资本自由流动，不存在交易成本时，人民币的升值最终使得套利行为终止。

利率平价定律具体可以分为抛补利率平价与非抛补利率平价。

抛补利率平价（Covered Interest Rate Parity）：假设不存在交易成本，资本流动没有障碍、套利资本规模无限、市场参与者是风险厌恶者，那么市场参与者的理性活动将最终使得外汇市场上的远期升贴水基本等于国内外市场上利率差额。远期汇率价差由各国的利率差异决定，由于无套利均衡，高利率货币在外汇市场上表现为远期贴水，低利率国家货币在外汇市场上表现为远期升水。汇率的变动会抵消两国之间的利率差异，从而使得国际金融市场处于平衡状态。

非抛补利率平价（Uncovered Interest Rate Parity）：非抛补利率平价与抛补利率平价的机制类似，但是它假设投资者是风险中性的。风险中立型的投资者对风险持中立态度，对提供同等收益率而风险不同的资产不加以区分。非抛补套利指的是直接将资金从利率较低国家转移到利率较高国家，从而赚取利息差额的行为，这种套利行为不会在外汇市场上进行掉期交易，因此需要承担高利率货币汇率变化可能带来的风险。这种情况下，套利者对于未来汇率的走势预测与市场上的远期汇率之间存在着差异，认为不抛补对自己更有利。

利率平价定律结合了货币市场与外汇市场，主要从资本流动的角度指出了汇率与利率之间的关系，有助于我们理解外汇市场上汇率的形成机制，特别是对于理解短期汇率水平具有较好的实践价值。但是该学说也存在着一些与现实不太符合的假设，比如，忽略了交易成本，没有考虑资金在国际流动或者汇兑过程中可能出现的折损；假定不存在资本流动障碍，与目前国际市场上仍然广泛存在的资本管制或者控制不符合；假定套利资本规模无限，忽视了现实中资金规模的限制；此外，对于非抛补套利者而言，对未来汇率的预测涉及多种因素，尤其是心理因素，很难用数据具体衡量，这些特点都使得实际外汇市场的汇率波动与利率平价理论预测下的汇率波动之间存在着一定差异。

1.4　汇率与生产力

20 世纪 50 年代后半期，西欧、日本等国经济快速增长，美国经济的国际竞争力相对下降，在当时布雷顿森林体系设定的固定汇率制度下逐步形成美元高估压力。针对当时经济学家普遍依赖购买力平价理论（包括绝对与相对购买力平价）来测算美元高估程度的情况，匈牙利裔经济学家巴拉萨在 1964 年对此做出批评，指出不能简单依据购买力平价理论，把两个国家物价水平的相对变动作为名义汇率需要调整的依据，而必须考虑非贸易产品对购买力平价理论的影响。当只以购买力平价理论为基础计算的实际汇率来进行国际收入水平比较时，会高估高收入国家，低估低收入国家的国民收入，而且国家收入水平越高，被高估的程度也越大。同年，萨缪尔森也独立发表论文阐述类似观点。之后，从 20 世纪 70 年代起，所有从供给面研究实际汇率的文献都把两部门相对生产率给购买力平价理论带来的系统性影响命名为巴拉萨—萨缪尔森效应（以下简称“巴－萨效应”）。

巴－萨效应指出汇率的变化来自生产率的差异，在经济增长率越高的国家，工资实际增长率也越高，实际汇率的上升也越快。该效应将一国经济分为可贸易部门与不可贸易部门，一价定理在贸易部门成立，在非贸易部门不成立。当贸易产品部门（比如制造业）生产效率迅速提高时，该部门的工资增长率也会提高。由于劳动力可以在国内自由流动，工资都有平均化的趋势，所以尽管非贸易部门（比如服务业）生产效率提高并不大，但是其工资也会以大致相同的比例上涨。这会引起非贸易产品对贸易产品的相对价格上升。从总体上看，两部门生产率相差越大，非贸易部门比重越大，总体价格水平就越高，从而导致币值有升值的需求。

如果我们假设国外两部门商品的价格水平没有变化，因此实际汇率就可以简单表达为国内可贸易商品价格比不可贸易商品价格，由于可贸易商品满足一价定律，所以生产率差异与劳动力的流动，使得不可贸易商品价格上涨，实际汇率数值下降，本币升值。

巴–萨效应为观察经济开放成长中本币实际汇率走势提供了一个起点模型，并在多国经验证据检验方面有不俗表现。由于两部门的划分标准、生产率的衡量方法、样本期间的选取、计量方法等特征的不同，对于人民币汇率走势是否符合巴–萨效应，目前学术认识上仍然存在着一定的争论，从实际情况来看，改革开放最初15年前后，人民币实际汇率依据不同度量指标贬值一倍半到两三倍；整个改革开放时期，人民币实际汇率依据度量指标不同累计贬值1~2倍。人民币实际汇率演变的形态独特性及其认识上的挑战性，也是中国经济成长的谜题之一。

1.5 汇率与资产

伴随着国际货币体系在20世纪70年代从布雷顿森林体系转变为牙买加货币体系，越来越多的国家采取了浮动汇率制度，同时伴随着资本流动的高度发展，其对于汇率的影响也越来越多地得到强调，产生了汇率决定的资产市场说，该学说的基本思想是将汇率视为两国资产市场供求存量保持均衡时两国货币的相对价格。与传统的理论相比，资产市场说将商品市场、货币市场与资本市场结合起来进行分析。根据本币资产与外币资产可替代性不同，资产市场说分为货币分析法（完全可替代）和资产组合分析法。依据对商品市场价格弹性的假定不同分为弹性价格分析法与黏性价格分析法。

弹性价格货币分析法（Flexible Price Monetary Approach）是资产市场理论中最简单的形式，最早由以色列经济学家弗兰克（Frenkel）于 1976 年提出。该学说也被称为汇率的货币模型，集中分析货币市场上货币供求对汇率的影响，主张汇率决定于两国的货币存量。由于国内货币供给决定了物价水平，而物价水平与汇率之间根据购买力平价又存在着密切关系，所以汇率被看作是货币市场均衡时，两国货币的相对价格。弹性价格论假设，商品市场价格充分弹性；存在着稳定的货币需求函数，其与收入正相关，与利率负相关；购买力平价成立；本国与外国资产完全可替代；汇率可以自由调整以反映经济情况。弹性价格货币分析法认为，本国与外国之间的货币供给水平、实际国民收入水平、利率水平通过影响各自的物价水平，最终决定汇率水平。在对这三者进行分析时，我们需要假设某一因素变化，而其他不变，具体而言：第一，其他因素不变，本国货币供应量相对于国外货币供给一次性增加，在产量不变、利率不变的情况下，造成价格水平同比例上涨，在购买力平价成立条件下，本币同比例贬值。第二，其他因素不变，本国实际收入相对国外的实际收入增加，因此货币需求增加，在名义货币供给不变的情况下，货币市场出现供不应求的情形，因此价格水平会下降，直到实际货币余额恢复到原有的水平，因此根据购买力平价定律，本币升值。第三，其他因素不变，本国利率相对上升，降低了货币需求，在货币供给不变的情况下，货币市场供大于求，导致本国价格水平上升，在购买力平价成立的情况下，本币贬值。

汇率的弹性货币分析法（货币模型）是自浮动汇率制度起，人们对于汇率认识的巨大进步。第一，货币模型从购买力平价理论出发，把汇率作为一种资产价格分析，抓住了汇率的特殊性质，在一定程度上符合资金高度流动的客观事实，对现实中汇率的频繁波动提供了一种解释。第二，货币模型引入货币供应量、国民收入等经济变量，较购买力平价理论在现实分析中得到更广泛的应用。第三，货币模型是一般均衡分析。在货币模型中包含了商品市场的平衡、货币市场的平衡和外汇市场的平衡。第四，货币模型反映了资产市场分析法的基本特点，是资产市场分析法中最简单的一种形式，是其他资产分析法理论的基础。但是，货币模型对于我们理解汇率的波动仍然存在着一些不足。一是货币模型由于以购买力平价说为基础，因此其可信性取决于购买力平价说在实际生活中是否成立；二是货币需求是稳定的假定存在争议；三，是价格水平具有充分弹性的假定受到众多批评。

黏性价格分析法（Sticky Price Monetary Approach）又被称作“超调模型”（Overshooting Model），最早是由美国经济学家多恩布什于20世纪70年代提出的，该模型的显著特点是将凯恩斯主义的短期分析和货币主义的长期分析结合起来。所谓超调，通常指的是一个变量对于给定扰动做出的短期反应超过了其长期稳定均衡值。该理论认为商品市场与资本市场的调整速度是不同的，商品市场上的价格水平具有黏性的特点，因此购买力平价在短期内不成立，短期内的价格刚性与利率平价使得汇率出现超调，即汇率对货币波动的反应超过了长期均衡的水平，但随着时间的推移，经济存在着由短期平衡向长期平衡的过渡过程（短期平衡：价格未来得及变化时的经济平衡；长期平衡：价格充分调整后的经济平衡），汇率也最终靠近长期均衡水平。与弹性价格货币模型相比，黏性价格论也假设货币需求是稳定的，非抛补套利利率平价成立，不同之处在于，黏性价格论假设商品市场存在价格黏性，购买力平价短期不成立，但是长期成立。

如果货币供给一次性增加，短期使得货币市场失衡，商品市场的价格黏性使其无法与货币供给同比例变化，价格水平不发生变化，不能满足弹性货币分析法中购买力平价成立的假定。但是非抛补套利利率平价成立，利率和汇率作为资产价格可以迅速调整，导致经济中各种变量呈现出与长期平衡不同的特征。短期内，货币供给的一次性增加造成了本国利率的下降，本币汇率的贬值超过了长期平衡水平，本国产出超过充分就业水平。随着时间的推移，经济由短期平衡向长期平衡的调整，在长期，价格水平可以进行调整，此时的总供给曲线斜率不断增加，最终成为垂直的供给曲线。由于产出超过充分就业水平，因而会引起价格水平的缓慢上升。最终，在长期中，价格可以充分调整，可借助货币模型分析各种变量的调整过程。货币供给一次增加，在其他条件不变的情况下，价格水平将上涨，本币贬值。长期中，货币供给一次性增加后，本币贬值幅度等于货币供给增加幅度。

从以上的分析中可以看出，由于商品市场价格黏性的存在，当货币供给一次性增加以后，本币汇率的瞬间贬值程度大于其长期贬值程度，这种现象称为汇率的超调。

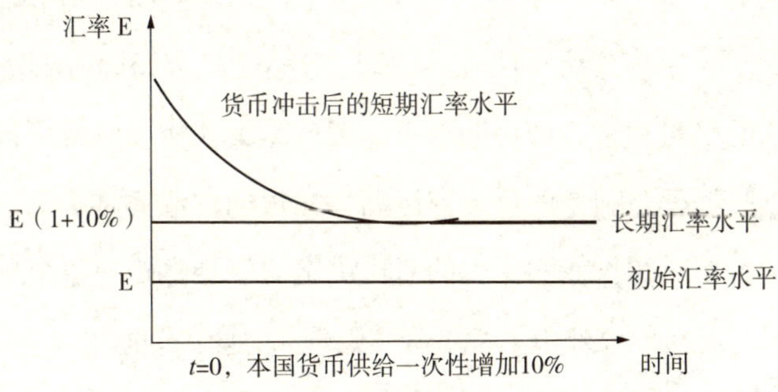

图1.1　货币供给一次性增加后，汇率的超调过程

超调模型是在货币模型的基础上展开的，同时又采取了凯恩斯主义价格黏性的这一假设，对开放经济条件下宏观经济进行了较为全面与系统的分析，首次从动态调整的视角解释宏观变量对汇率波动的影响，比较贴近现实中汇率受到冲击时的反应。超调模型其实是购买力平价理论的延续，不过是将价格变量替换成了可以描述货币需求以及超调效果的宏观经济变量而已。但是，该理论仍然以购买力平价理论为基础；忽略了国际收支流量对汇率的影响；而由于模型较为复杂，在选择计量检验的方式上存在困难，对冲击和状态难以确定，因此，很难在实际研究中进行相应的计量检验。

资产组合分析法是在20世纪七八十年代提出的，美国经济学家布朗森（W.Branson）在1975年与1977年对资产组合分析法进行了系统论述，也是该学说的创始人。与货币分析法相比，该学说将流量因素与存量因素结合起来，同时假定本币资产与外币资产是不完全的替代物，风险等因素使非抛补套利利率平价不成立，从而需要对本币资产与外币资产的供求平衡在两个独立的市场上进行考察。

资产组合分析法的分析对象是一个小国，国外利率（i^*）是给定的。本国居民拥有三种资产：本国货币M、本国本币债券B、外币债券F（折成本币为eF，e为直接标价法）。汇率是三种资产市场同时处于均衡状态时决定的，汇率与利率有密切的联系，资产总量和货币政策可以改变汇率和利率，引起汇率与利率的反方向运动。在短期，汇率是由资产选择决定的，而不是由相对物价或购买力的对比决定的。经常账户盈余导致外币资产存量增加，进而导致外币汇率下降（贬值），本币升值。

资产组合理论使原有的各种理论都能较好地融入一个模型。既区分了本国资产和外国资产的不完全替代性，又将经常项目这一流量因素纳入存量分析中。具有特殊的政策分析价值，被广泛应用于货币中政策的分析中。但是，由于模型过于复杂，制约了它的应用，影响实证检验效果。虽然纳入了流量因素，但没有对流量因素做更专门的分析。

1.6　汇率与国家信用

汇率代表的是一个国家货币的相对价格，其不仅与商品价格、生产率、利率以及资产市场等密切相关，在纸币制度时代，其发行依靠国家与政府的信用支持，因此理解汇率，还需要考虑其与国家信用的关系。狭义的国家信用指的是以国家为主体进行的一种信用活动，国家可以通过发行政府债券等形式，从国内外投资者中借入资金。一般而言，一个国家的信用级别较高，则其货币币值较为稳定甚至出现升值，反之，当出现信用降级甚至债务危机时，就会引发汇率发生剧烈波动，急速贬值。

例如 20 世纪 80 年代的拉美债务危机，以 1982 年墨西哥宣布无力偿还外债为标志，拉美国家相继爆发严重的债务危机，进而演变成为金融危机与货币危机，拉美国家货币普遍贬值。20 世纪 70 年代，欧美发达国家陷入“滞胀”时期，低利率使得国际资本出于追求高额利润的本性从该地区流向其他地区，而当时拉美国家正在进行自由化改革，处于经济增长较快阶段，国内储蓄较低，资金匮乏，因此这些国家依靠国家信用普遍采取了举借外债的方式发展本国经济，1982 年底，拉美国家地区外债总额为 3287 亿美元。80 年代开始，债务结构以短期债务为主，偿债压力增大，又由于欧美国家货币政策突然收紧，推高了利率，加重了拉美国家的债务负担，伴随着贸易条件恶化，国内的恶性通货膨胀等因素，拉美国家以墨西哥为首，全面爆发了相应的债务危机，严重影响了其国家信用，通胀率与失业率暴涨，墨西哥比索、巴西雷亚尔以及阿根廷比索都迅速贬值，平均幅度达到20%。

这种由于国家信用崩溃，全面爆发债务危机而引起货币剧烈贬值的案例在历史上屡见不鲜，2009年以希腊为首，在欧洲部分国家爆发的主权债务危机，对欧元的币值以及国际地位都造成了巨大的打击，一方面欧元持续走低，另一方面也严重损害了欧元作为国际储备货币的地位。

因此，国家信用的强弱与汇率币值的稳定和变化密切相关，同时，国家信用也是现今货币国际化的基础。在国际经济贸易中，任何一个国家都不能通过国家机器强制流通本国的货币，这不同于在该国境内的情况。国际货币的发行国虽然拥有国际货币供应主导权，但仍然需要依靠良好的国际关系和国际政治影响力，拥有保证币值稳定的国家信用，该国货币才能获得足够的国家信誉和支持度。

第 2 章　从大历史看汇率

2.1　从金本位制到世界大战

从大历史的角度追溯汇率的变化，首先要回顾的就是金本位时代。一般认为金本位制度是指世界经济史上 19 世纪 70 年代到 1914 年这段时间，但如果以 1816 年英国最早实行金本位制作为起点，那么则可以说金本位制实行了近一百年。正是在这段时间内，国际货币体系实现了长达几十年的汇率稳定。这是由于黄金是国际本位货币，各国的货币与黄金挂钩从而建立了固定汇率制度，国际收支具有自动调节机制。任何对金本位制度的评价都不能脱离当时的背景，金本位曾经促进了世界经济的繁荣与发展，但也在后期带来了严重的问题。金本位制度虽然不能够恢复，但是其带来的影响一直延续到如今的国际货币体系。

在国际金本位制度建立之前，与金本位同时存在的还有银本位和复本位制度，后两者分别是用银和同时用金银作为本位货币。中国就是当时实行银本位的国家之一。国际金本位制度的建立就是实行银本位和复本位的国家逐渐放弃使用白银作为本位货币，提升黄金货币地位的过程。[①] 英国是世界上第一个确立金本位制度的国家，金本位制度能够扩散到国际上，

① 戴金平，熊爱宗，谭书诗 . 国际货币体系：何去何从［M］. 厦门：厦门大学出版社，2012.

一个重要的因素就是英国自由贸易政策的推行。英国在工业革命后，工业经济迅速发展，生产出大量的廉价工业品。英国推行自由贸易政策，正是旨在为它的工业品打开国际市场。19 世纪时，英国在工业和贸易方面的优势也奠定了伦敦金融中心的地位。英国作为各国贸易债权债务关系的结算地，很大程度上调节了世界各地国际收支不平衡的情况，使商品和货币流通能够正常进行。[①] 这也促进了国际资本流动和世界市场的形成。可以说英国的自由贸易政策为国际金本位制度的形成创造了有利的环境和条件。1871 年的普法战争结束后，德国也进入了金本位时代。随后，在 19 世纪 90 年代“第二波黄金大发现”加大世界黄金供给后，主要国家基本上都实行了金本位制度。

金本位制本身并不神秘，它指的是以一定成色及重量的黄金作为本位货币的一种货币制度，用黄金作为货币体系的价值标准，发挥世界货币的职能。[②] 各国承诺按某一固定价格向任何人买卖黄金以维持货币与黄金的固定比价。金本位的三种形式分别是金币本位制、金块本位制和金汇兑本位制，金币本位制是最为典型的形式，也是狭义上所说的金本位制。金本位制度的特点是自由铸造、自由兑换和黄金自由输出入。[③] 这里包含的主要内容有：用黄金规定货币所代表的价值，每一货币单位都有法定含金量，各国货币按所含黄金重量确定一定比价；金币可以自由铸造，只要交纳了一定的铸币税，任何人都可以按本位币的含金量将金块交给国家造币厂铸为金币；金币是无限法偿的货币，具有无限制的支付手段权利；各国

---

① 董君．国际货币体系研究：变迁、规律与改革［M］．北京：中国经济出版社，2013.

② 陈彪如．国际货币体系［M］．上海：华东师范大学出版社，1996.

③ 张新颖.英国霸权下的国际金本位制——从霸权稳定论看1870~1914年的国际货币体系[J].山东财政学院学报，2009（4）.

的货币储备和国际结算都使用黄金，黄金能够自由输出输入。

金本位制度下的汇率基本上一直保持在稳定的状态。一般认为金本位制度下是固定汇率，因为在国际金本位制条件下，各国货币的兑换均以各自的含金量为基础进行衡量。虽然有外汇供求关系影响，但实际汇率一般围绕法定铸币平价上下波动，即市场汇率围绕官方汇率上下波动，在黄金输送点范围内波动幅度较小。根据蒙代尔提出的“三元悖论”，对任何一个国家来说，资本自由流动、固定汇率制与独立货币政策三者之间只能同时实现两项，在金本位制度这样的“被盯住的汇率”之下，如果再保证了资本流动性，那么就意味着国家需要放弃货币政策的独立性。当时实行金本位的主要国家如英国、法国、德国等正是这样保证固定汇率和资本流动的。虽然会失去货币政策的独立性，一国仍然愿意选择金本位的原因在于汇率被盯住可以消除汇率波动和货币风险，利于贸易出口。决定一国选择金本位的最重要因素始终是经济利益的权衡。有相关的研究已经指出，金本位促进了经济一体化并提高贸易规模，能提高一国货币政策承诺的可信性和公信力，并且能够降低国际融资成本。[①] 但需要注意的是，政府因此也就无法操纵货币攫取铸币税，也有可能因为无法进行汇率贬值导致不利于贸易和出口的情况。金本位下的固定汇率的好处在于有利于商品贸易，要素流动对调整机制形成补充。固定汇率意味着货币的背后是按固定比价兑换的黄金，各国货币没有过大差异，这样所带来的风险更小，交易匹配成本低。短期资本流动是将汇率维持在输送点上下有限区间的稳定约束力量。

金本位能够在如此长的一段时间内获得成功，使国际货币体系良好运

---

① 孙国伟，孙立坚 . 古典金本位体系及其现代启示［J］. 世界经济研究，2014（2）.

转，有许多原因。其中一个最重要的原因来自英国这个当时的霸权国发挥的主导作用。著名经济学家金德尔伯格提出的霸权稳定论认为世界经济必须有一个“稳定者”，这种理论正是受到金本位时代及后来发生的经济危机的启发。罗伯特·吉尔平也提到过金本位制度曾经的成就不可以忽略政治基础和英国领导地位的核心地位。英国在19世纪的表现正符合“稳定者”的角色要求。作为世界经济中的霸权，英国能够自由使用原料，控制主要的资本来源，并且维持庞大的进口市场，在生产高附加值产品时拥有比较优势。英国在国际金融市场的地位促进了英镑的广泛使用，也使与英国有广泛贸易联系的欧洲工业国家获得了收益。除了英国的主导因素，其他原因还包括当时各国把维持外部平衡放在首要地位，对于国内福利等社会目标还没有后来那么重视，资本主义世界维持了较长时间的和平发展期，等等。这些都为金本位制度的实施扫除了来自国内和国际两个层面的障碍，因此金本位时代才能延续如此之久。

然而，金本位并不是维持国际货币体系正常运转的永恒良方。第一次世界大战的开始带来了金本位制的瓦解。第一次世界大战后，从1919年到1939年这段时间被认为实行的是国际金汇兑本位制。虽然这是战后各国企图重建金本位制所做出的努力，但是与古典国际金本位制还是有着较大的区别。黄金虽然仍是本位货币，但是作为国际货币的作用明显削弱了，外汇与黄金共同成为本位货币。黄金也无法再像从前一样自由输出输入。金本位无法恢复的根本原因还是在于自身存在的缺陷已经与变化的国际政治经济格格不入。经济增长的无限性和黄金自然储量的有限性是一对基本矛盾，金本位最终会束缚经济增长的脚步。另外，金本位下长期存在的“中心—外围”格局本身就代表着一种不稳定。外围国家需要承受中心国家政策调整的外溢成本，利率调节机制会使调节负担转嫁到逆差国身上。中心的贸易顺差国为了限制通胀冻结流入的黄金，会让外围国家承受通缩的压力。再加上信用货币的使用、政治和军事等方面的国家间矛盾越来越突出，金本位的优势逐渐丧失，最终退出了历史舞台。

2.2　注定会崩溃的布雷顿森林体系

在金本位逐渐被许多国家放弃之后，国际货币体系陷入到了一段时间的混乱状态，一度形成了英镑集团、黄金集团和法郎集团组成的三大货币集团。三大货币集团矛盾重重，相互竞争排斥，这段时期的汇率一直处于浮动状态。不过，这样的情况并没有一直持续下去。第二次世界大战后建立起的布雷顿森林体系结束了国际货币体系混乱的情形，美元成为国际货币体系的中心。布雷顿森林体系的建立标志着有管理的国际货币体系时代的开始。通过各国协商建立起来的这个机制明显不同于金本位时代仅仅由各国自发选择带来的具有一致性的制度安排。

布雷顿森林体系的名称来自 1944 年在美国新罕布什尔州布雷顿森林召开的“联合与联盟国家货币金融会议”。在这次会议上通过了《国际货币基金协定》和《国际复兴开发银行协定》，标志着布雷顿森林体系的建立。到 1946 年时，已有 32 个国家宣布货币平价，宣告布雷顿森林时代的开始。[①]

布雷顿森林体系建立的背后有着深层次的原因。“二战”后各主要国家的力量发生变化，布雷顿森林体系的建立是由此带来的国际秩序变化的

---

① 冉生欣 . 布雷顿森林体系的不对称性及其启示［J］. 新金融，2006（2）.

一部分。布雷顿森林体系能够最终以这样的面目出现，背后是“凯恩斯计划”与“怀特计划”角力的结果。“凯恩斯计划”和“怀特计划”分别是由时任英国财政部顾问约翰·凯恩斯和美国财政部部长助理哈里·怀特提出的，反映的也是英美两国对于战后重建国际货币体系的不同构想。两个计划虽然在设立与黄金联系的国际货币、解决经常项目不平衡和探求汇率稳定等问题上有相同之处，但是英美两国由于利益不同在具体设计方案上存在分歧，例如“凯恩斯计划”提出汇率弹性，但是“怀特计划”则建议用“稳定基金”确定汇率。由于美国战后经济实力明显高于英国，最终“怀特计划”成为建立战后国际货币体系的基础。这反映出的是美国为了实现在国际金融领域处于统治地位，利用经济实力主导国际货币体系建立的现实。约翰·鲁杰等学者还提出这是美国为了实现多边主义和国内稳定的双重目标而采取的策略。

布雷顿森林体系的主要内容和特点可以总结为以下几点：

第一，美元与黄金挂钩，各国货币与美元挂钩，并可以按 35 美元 1 盎司的官价向美国兑换黄金（或 1 美元兑换 0.888671 克黄金）。美元兑换黄金和各国实行可调节的盯住汇率制是布雷顿森林体系的两大支柱。美元在这一制度设计中被认为充当了“锚定货币”的作用，处于体制中心位置，这和“二战”前国际金汇兑本位制以黄金为主大不相同。实际上，这是一个“黄金—美元”本位制。

第二，布雷顿森林体系前期实行盯住的固定汇率制，但在 1959 年后接近于实质上的固定美元本位制。按照《布雷顿森林体系协定》的规定，各国货币兑美元的汇率可以在平价上下各 1% 的幅度内波动，只有在成员国国际收支发生“根本不平衡”时，才会按照国际货币基金组织规定的程序进行相应调整。这样的安排既能够避免完全的固定汇率对完成经济增长和就业目标带来的负面影响，也能够回避浮动汇率可能造成的各国货币竞相贬值等行为。

第三，布雷顿森林体系采取的是非对称的国际收支调节机制和流动性提供机制。国际收支调节机制方面，通过依靠各成员国的国内经济政策、国际货币基金组织的放贷、汇率的变动和“稀缺货币”等手段，布雷顿森林体系能够为各国国际收支调节提供保障。流动性提供机制方面，IMF 对成员国的基金配额有着严格的规定，在框架内还建立了“借款总安排”（GAB）用来提供美元信用，并且在 1968 年创设特别提款权。然而，不论是国际收支调节机制，还是流动性提供机制，最终都并没有真正解决原本就存在的“中心—外围”格局中的问题。美国作为中心国家和作为外围的其他国家明显承担了不同的责任义务，体现出了一种不对称性。

第四，布雷顿森林体系的一个非常重要制度安排就是成立国际货币基金组织。国际货币基金组织自成立之初目的就是为了维持国际货币体系的良好运转。国际货币基金组织当时的行为准则中最重要的一点就是要维持固定汇率制，协助成员国干预市场汇率的波动，对成员国国际收支情况进行监督，必要时以资金援助的方式帮助国际收支严重逆差国。国际货币基金组织的运转依赖于各成员国认缴的基金份额，基金份额是按照成员国黄金外汇储备、对外贸易总量以及国民收入水平等基础上设计出的公式计算出的。

尽管布雷顿森林体系运转了 20 多年的时间，但是从体系成立之初就注定存在的诸多问题使其无法长期维持下去。1971 年 8 月美国关闭了黄金窗口，日元等货币与美元脱钩，同年 12 月，十国集团签订了《史密森协定》。这一协定重新调整了汇率评价，扩大了非储备货币兑美元的汇率允许波动幅度。然而，仅仅过了不到两年，外汇市场爆发美元危机，布雷顿森林体系正式宣告结束。

布雷顿森林体系失败的原因后来一直被反复探讨。归根结底，仍然是以美元为中心的体系本身存在着无法克服的缺陷。布雷顿森林体系以一国货币为主要储备资产，具有内在的不稳定性，因为只有靠美国的长期贸易逆差，才能使美元流散到世界各地，让其他国家获得美元供应。[①]各国需要用美元作为结算与储备货币，要求增加美元供给，这对于美国来说会产生贸易逆差；而美元又必须保持稳定和坚挺，才能作为国际货币，所以这又要求美国实现供给收支平衡。美国经济学家罗伯特·特里芬指出了这种相互矛盾的要求是一个悖论，这个问题后来被称为“特里芬难题”。[②]特里芬难题点出了国际货币体系的内在缺陷，指明了这个体系的脆弱性。布雷顿森林体系有两个重要前提，一是美元的稳定，二是美国要有足够的黄金储备。在世界经济发展不平衡的情况下保持美元的稳定是不可能的。美元地位的动摇是布雷顿森林体系难以为继的重要原因。一旦美元不能维持与黄金的可自由兑换，那么人们对持有美元的信心会下降，国际金融市场抛售美元的情况就会发生，后来的历史也确实验证了这一点。美元危机会对整个国际货币体系产生极大的负面影响。布雷顿森林体系的失败实际上是变相重复了金本位的悲剧。与黄金挂钩的货币必然缺乏弹性，因为黄金的储量和经济增长的速度永远难以保持一致。这样的矛盾会一直存在，直到隐患变成危机出现。

布雷顿森林体系虽然在20世纪70年代就退出了历史舞台，但这并不妨碍它应该得到一个公允的评价。可以说，是布雷顿森林体系的建立为世界经济的发展带来了一段时间内的稳定的外部环境，促进了世界贸易和国

---

① 王健博．论布雷顿森林体系的确立与解体 [J]. 中国经贸，2013（14）.

② 安宇宏．特里芬难题 [J]. 宏观经济管理，2013（8）.

际投资的发展，对经济增长也有积极的作用。同时，布雷顿森林体系也是构建以规则为基础的世界秩序的一个重要组成部分。需要强调的是，在这个体系中，国际收支不平衡的情况一直存在，国家间享受制度红利不平等的现象从来没有被消除，美国一直利用霸权主导世界经济。因此，布雷顿森林体系只能说是在特定历史时期发挥了一定程度的作用。

2.3 布雷顿森林体系崩溃之后

布雷顿森林体系解体之后，新一轮国际货币秩序的调整开始。1971 年的“史密森协定”就世界主要货币的汇率达成一致，美元贬值 8.57%，黄金官价提高到了 38 美元 / 盎司，日元、德国马克等其他货币兑美元升值。但是，一般认为“史密森协定”只是在当时进行的暂时调整，并没有真正建立新的国际货币秩序。1973 年，各国开始普遍采用浮动汇率制，很大程度上也是在没有新秩序的情况下不得已接受的现实。1974 年，由国际货币基金组织设立的二十国委员会提交了一份《国际货币体系纲要》，这份文件中就新的汇率制度、储备资产、资本流动等问题提出了建议，成为新的国际货币改革的基础。1976 年 1 月，国际货币基金组织临时委员会在牙买加首都金斯顿举行会议，最后形成的协议被称为“牙买加协议”，根据协议内容形成的新的国际货币体系即为“牙买加体系”。这可以看作是自由浮动时代的开始。

牙买加体系确立了浮动汇率制度合法化的地位，让国际货币基金组织的各成员国在汇率制度选择上有了更多自由空间。一般发达国家多选择浮动汇率制度，大多数发展中国家则仍然实行与某种货币或合成货币保持盯住汇率的制度，但是这种盯住基本上都是指一国货币只选择盯住一种主要货币，本币汇率随之浮动。主要国家货币汇率基本上由外汇市场上的供求所决定。[①]这和布雷顿森林体系时代的盯住汇率是完全不一样的。但是，牙买加体系仍然可以被认为是赋予了各国更大的汇率主权自由，主要体现在 IMF 协定中有关外汇安排义务。该条款认清了稳定的经济对于金融和货币稳定的重要性，对于有秩序的经济增长、有秩序的基本的经济和金融条件和良好的货币制度都做了原则性的规定。[②]同时，在牙买加体系下，对于汇率主权有了更灵活的程序法规制。各成员国行使汇率主权需要接受 IMF 的监督并且与之进行磋商。虽然这些并非是具有法律义务的规定，但是作为国际制度仍然能够约束住成员国的行为。牙买加体系的建立更加适应这个变化更为剧烈的世界，采取浮动汇率制也能够重新刺激经济的发展，这种改变背后的动力依然来自世界政治和经济力量发生的变化。

一种更加具有现实主义色彩的观点是，真正能够解释“自由浮动”时代国际货币体系特点的应该是“石油美元”。在 20 世纪 70 年代西方国家发生石油危机之后，美国意识到了石油对于世界经济的重要作用。随后，美国倡议成立代表西方石油消费国利益的国际机构——国际能源署（IEA），并且同中东产油国签订协议以美元作为石油的结算货币。80 年代，美国纽约商品交易所退出 WTI 石油期货交易，英国伦敦国际石油交易所推出布伦特石油期货，这些举措打破了石油输出国组织对原油定价权的控制。美元的发行不再与黄金挂钩，而是通过世界原油需求的快速增长和油价上涨大

① 高瑛 . 从国际汇率制度的历史变迁看美国所扮演的角色和影响 [J]. 金融理论与实践，2010（11）.

② 许方达 . 论牙买加体系下汇率主权的新发展 [J]. 商贸纵横，2014（23）.

举扩张。[1]美国之外的美元储备不能够回流美国，形成海外美元资本账户，美国取得了资源和货币的定价权，国际油价与美元指数建立起关联。“石油美元”更为深远的一个影响是，美国可以通过低估新兴市场国家价值、打压汇率，以低价获得发展中国家和新兴经济体的国家资产、商品和劳动力。发展中国家和新兴经济体通过向中心市场国家低价出口商品积累美元。在这样的情形下，维持低汇率是新兴经济体保护自身利益的重要武器，但是却被美国指责为为了出口商品恶意操纵，贬低汇率。美国自己坐拥“石油美元”带来的控制市场、资源和货币定价权的种种好处，却用各种方式打压新兴经济体，这也反映出了这个体系中存在的巨大不平等问题。

在牙买加体系运行至今的数十年中，如果谈到影响汇率的重要事件就不得不提 1985 年签订的“广场协议”。20 世纪初 80 年代初，美国经济面临严峻问题，出现了恶性通货膨胀的情况。美国政府采取的紧缩性货币政策和扩张性财政政策造成了美元利率大幅上升、美元汇率持续走强，由此产生巨额财政赤字和经常账户逆差。与之相反的是日本当时经济发展迅速，取代美国成为世界上最大的债权国，资本扩张的速度达到空前。面对日本的实力不断壮大，美国开始积极采取措施遏制。1985 年，美国、日本、联邦德国、法国、英国五国财政部部长和中央银行行长在纽约广场饭店举行会议，决定联合干预外汇市场，解决美国巨额贸易赤字。实现这一目标的主要手段是日元与德国马克大幅升值，各国抛售美元，美元大幅贬值。“广场协议”的意义重大，在一定程度上甚至改变了后来世界经济格局。日本政府担心日元升值会影响经济增长，选择了极度扩张的财政政策

---

① 金永琪．布雷顿森林体系的崩溃及“石油美元”的延续［J］．中国石油和化工经济分析，2012（10）．

和货币政策，造成了日本 80 年代末的资产泡沫。[①] 一直有观点认为日本就是从那时起失去了在亚太地区成为经济霸主的可能性。美国经济也并未因此就重新焕发生机，1987 年的卢浮宫协议要求美国不再强迫日元与马克升值，因为迫使他国汇率升值以平衡本国财政赤字的手段效果并不理想。美国霸权相对衰落的基调从那时起已经愈发明显。

在“自由浮动”时代的牙买加体系下，由于发行美元属于美国的主权，别国无权干涉，因此美联储控制着中心货币的发行权，但却不需要对世界经济负责，制定货币政策只考虑本国经济发展就可以。但是鉴于美元在这个体系中起着至关重要的作用，美国不负责任的货币政策一旦酿成灾难便注定是世界级的。高额铸币税和美元超发可以让美国从中获利，然而引发的全球失衡也越来越明显。美国通过大量发行美元债券等方式使大量美元回流，让全世界给美国的消费者埋单。到最后，外围国家手中持有大量美元储备，可是一旦美元贬值就会给这些国家带来极大的损失。[②] 美元本位制下美元的不平衡的供给和流动是造成货币秩序不稳定的主要原因。就是在这样全球不平衡的发展中，国际货币体系维持着运转。2007 年，美国发生次贷危机，由此引发了全球金融危机。国际货币体系似乎再一次走到了十字路口上。

---

① 黑田东彦 .“尼克松冲击”与“广场协议”[J]. 金融发展研究，2014（3）.

② 石莉，赵子铱 . 金融危机的根源：牙买加货币体系 [J]，贵州社会科学，2011（7）.

2.4　2008・金融危机・汇率动荡

2008 年金融危机产生了巨大的影响，也带来了全球货币秩序变化。危机发生后，美联储、欧洲央行、日本央行等主要货币发行机构纷纷采取超常规的货币政策，"QE""TLTRO""QQE" 等政策释放出了全球经济至今难以消化的货币量，深刻改变了国际金融与汇率生态。当今汇率走势与一国实体经济走势相关性降低已成普遍现象。

国际货币体系正在经历着深度调整，还未呈现出最终的面貌。各国超常规的货币政策显然并不是维持国际货币体系长期运转的灵药，只是尽量让经济回到正轨采取的应对措施。正如国际货币基金组织总裁拉加德 2013 年在杰克逊霍尔经济研讨会上所说，"发达经济体的央行乐于'扎进政策制定这个泳池的深水区'，与常规货币政策相比过去几年的非常规货币政策更为大胆，更具规模，也使全球在新一轮大萧条前悬崖勒马"。但是，她也强调"非常规货币政策更带来了附加的扭曲"。全球非常规货币政策离结束似乎还有很长的距离，虽然诸如量化宽松等政策在一定程度上起到了遏制危机蔓延的作用，但是并不能从根本上摧毁危机的根源。以美国实行量化宽松政策为例，量化宽松的货币基本上流入股市、楼市和金融市场，很少进入实体经济。所以有观点认为这是在用危机解决危机。因此，在全球经济仍然尚未完全走出金融危机阴霾的时候，超常规货币政策固然不能轻易退出，但也并不是长久之计。

自 2008 年发生全球性金融危机以来，汇率的波动一直受到关注。特别是美国采取的新的美元汇率战略和美国货币政策调整的“国际溢出效应”，不仅牵动其他国家的货币政策，也影响到国际货币体系的变革。美国采取美元战略性贬值，大规模供应美元，从2009年3月开始推出了涉及资金数量巨大的量化宽松政策。这是美国“弱势美元”和“顺势而为”战略的体现。[①] 通过量化宽松政策（QE），美国可以利用货币汇率贬值打击全球竞争对手，尤其是新兴经济体。美国通过数轮量化宽松达到了筹集铸币税，支持扩大财政支出以及引起美元贬值和全球物价上涨的目的，还使其外债大幅度缩水。这种明显的以邻为壑的做法，把更大的风险转嫁给了其他国家。到了这个阶段，美国已然彻底抛弃了过去国际经济秩序中的“稳定者”的角色。

除了美国，其他主要发达经济体也采取了不同的货币政策应对。欧盟在2010年爆发了欧债危机，推出了“加强信贷支持”等非常规货币政策。与美国不同，欧洲央行的非常规货币政策只是常规利率政策的补充而非替代。虽然由于德国的坚持，欧洲央行在很长一段时间内并没有仿照美国进行量化宽松，但是从2014年开始，欧洲央行终于不抵通缩和失业带来的内部压力，连续推出负利率和定向长期再融资操作（TLTRO）。在2015年1月，欧央行还是推出了量化宽松，预计总规模将达到1万亿欧元左右。比之欧央行相对节制的非常规货币政策，另一个重要的发达国家日本可以说是在货币政策上进行了大刀阔斧的操作。尤其是在2012年日本首相安倍晋三上台后实施了一系列刺激经济的政策，量化宽松正是被称为“安倍经济学”的三支箭的其中之一。通过量化宽松，日元汇率开始加速贬值，市场被大量注入资金。日本希望能够起到使出口增加，同时抬高物价，使企

① 龚秀国．后金融危机时代“美国因素”、美元汇率战略及其对华国际溢出效应分析［J］．四川大学学报，2013（2）．

业受益有所增长，摆脱通货紧缩的作用。不仅如此，日本央行 2016 年还推出了“负利率政策”，即所谓的量化与质化宽松政策（QQE）。这种“负利率政策”事实上只是继续超宽松的货币政策，希望尽早实现 2% 的通胀目标，改变通胀预期。正如法国经济学家伯努瓦 · 科尔所指出的，全球经济目前正处于不同的货币政策周期环境，出现了全球货币政策分化。各国央行应当对所做的决策有清晰的认识，并关注由此产生的国际溢出效应。①

在后金融危机时代，如何防止货币政策造成对汇率的波动过大，以及如何维持一个稳定的国际货币体系是摆在各国面前的共同难题。经济学家们提出了各种各样的方案，针对汇率制度，美国学者约翰 · 威廉森、马科斯 · 米勒和保罗 · 克鲁格曼提出过设立汇率目标区的想法，指的就是主要工业化国家确定其货币之间一揽子双边汇率变动的目标区，兼顾国内经济和国际经济中的均衡目标，把汇率变动控制在一定范围。然而，这只是诸多方案中的一种，实践起来存在重重障碍。目前的国际货币体系仍然处在变动的状态，虽然牙买加体系的框架仍在，但是金融危机后种种非常规货币政策的实施似乎已经在逐渐拆解目前的体系，未来汇率的走势也显得非常不明朗。

① 伯努瓦 · 科尔 . 非常规货币政策的溢出效应［J］. 中国金融，2015（15）.

第 3 章　“经济金融化”与当今的汇率

经济发展依托金融产业带动已成为当前世界经济的主流趋势。所谓经济金融化，是指包括银行、证券、保险、房地产信贷等广义的金融产业在某经济体中的比重不断上升，并对该经济体的经济、政治以及社会生活产生深刻影响。

仅从股市一个方面来看，20 世纪 80 年代初，欧美发达国家的股市市值与其国内生产总值基本相当，而现在其股市市值已普遍是国内生产总值的 3 倍以上，发展中国家的经济金融化率也在不断上升。由此，就产生了一个值得关注的问题：为何经济金融化会成为世界经济的发展趋势？

要回答这个问题应首先分析资产证券化的产生和发展，因为正是资产证券化这一“催化剂”的兴起，才有了今天经济金融化的蓬勃发展。

3.1 从资产证券化到经济金融化

一般而言，资产证券化是指发起人将缺乏流动性、但又可以产生稳定可预见现金收益的资产或资产组合（即基础资产）出售给特定的发行人，或者将该基础资产信托给特定的受托人，通过创立一种以该基础资产产生的现金流为支持的一种金融工具或权利凭证，即资产支持证券，并在金融市场上出售变现该资产支持证券的一种结构性融资手段。

由于产生现金流的类型不同，可以将资产证券化划分为住房抵押贷款证券（Mortgage Backed Security，MBS）和资产支持证券（Asset Backed Security，ABS）。MBS与ABS之间最大的区别在于：前者的基础资产是住房抵押贷款，后者的基础资产是除住房抵押贷款以外的其他资产。与MBS相比，ABS的种类更加繁多，具体可以细分为以下几个品种：汽车消费贷款证券化、学生贷款证券化、信用卡应收款证券化、贸易应收款证券化、设备租赁费证券化等。

1968年，美国政府国民抵押协会首次公开发行“过手证券”，从此开启了全球资产证券化的先河。资产证券化自20世纪六七十年代以来快速发展，尤其是MBS在20世纪90年代到21世纪初发展更加迅猛，MBS市场已成为仅次于美国国债市场的第二大债券市场，而ABS在欧洲也得以快速发展。在亚洲，资产证券化发端于20世纪90年代初，日本、韩国和中国香港等地的资产证券化进程较快。随着中国政府的重视程度逐年提升，目前中国大陆也在出台相关政策法规，在降低风险、规范操作的同时，大力促进资本证券化的快速发展。

经济金融化的趋势为何如此来势迅猛，推动其发展的内因又是什么呢?

首先，经济金融化得益于各国经济的普遍增长和发展。20世纪冷战结束之后，发展成为世界的主旋律，世界大部分国家都将各自精力集中在发展经济、提高国民生活水平上。经过近30年的发展，世界经济总量、国际贸易总量、人均GDP水平等指标都有了长足的进步。正是在此背景下，以美国为代表的西方发达国家开始不满足于传统制造业以及国际贸易所带来的收益，以资产证券化为基础的金融产业逐渐成为国家经济发展的支柱。随着自身的快速发展，金融产业相较于传统制造业较高的收益率逐渐引起各国的关注。发达国家乃至发展中国家都竞相大力发展金融业，种类繁多的金融衍生产品也逐渐出现在各国的金融市场当中。经济金融化是在发展、增长的时代背景下产生的，但这把“双刃剑”在助力各国经济快速发展的同时，也在2008年的国际金融危机中展现出它的另一面，正是过度的金融化，导致世界经济陷入深度衰退，许多发达国家至今仍在危机的泥潭中挣扎。

其次，经济金融化得益于股份制和政府国债增长。一方面，股份制有许多优越性，因而成为主要的企业组织制度，这导致股票资产的大量供给；另一方面，政府在经济发展中的作用日益突出，干预宏观经济运行而发售大批国债是经济金融化迅猛发展的又一个强大动力。

再次，经济金融化得益于资产证券化的涌现。随着资产证券化的兴起，一大批新型金融工具或货币替代物不断涌现，如大额可转让定期存单、货币市场存单、期货和期权等，其增长速度超过了传统制造业的增长速度，使得经济金融化率直线上升。

最后，经济金融化得益于非银行金融机构的迅猛发展。20世纪80年代以来，世界各国特别是发达国家的非银行金融机构迅猛发展，导致融资渠道多元化趋势出现，直接金融发展速度大大高于间接金融。同时，机构投资人的出现加速了储蓄和投资的分离，促进了社会财富及经济关系金融化。世界主要发达国家社会的经济关系越来越表现为债权、债务关系、股权、股利关系和风险与保险关系等金融关系。

诚然，以资产证券化为开端的经济金融化进程正逐渐成为世界经济运行的主旋律，其在收益率以及盘活固定资产方面相较于传统制造业确实拥有明显的比较优势。但在获得高收益率的同时也应该清晰地看到，经济发展过度依赖金融产业，是金融危机爆发的最根本原因。2008年，由美国次贷危机引发的国际金融危机，导致世界经济陷入深度衰退，进而导致欧洲主权债务危机的爆发，许多欧洲国家至今仍深陷危机的泥潭不能自拔。美国奥巴马政府所提出的“再工业化”战略就是希望通过引导制造业回流来降低经济金融化水平，从而保证国民经济的稳定健康发展。作为主要新兴市场国家的中国，应充分利用经济发展中的后发优势，吸取发达国家在经济金融化进程中的经验教训，保证自身的金融化水平在合理、可控的范围内发展。

3.2 负利率到底有多厉害

2008年国际金融危机以及随后爆发的欧洲主权债务危机导致世界经济深度衰退，世界主要发达国家经济甚至出现负增长态势。欧、美、日等发达国家为刺激其经济增长，纷纷采取“零利率”甚至“负利率”的货币政策，有学者预测，如果照此趋势发展，未来“负利率”将成为世界货币政策的常态。可以预见，负利率政策将深刻改变货币运行规则，甚至成为货币战争的始作俑者。

究竟何为负利率？为何一个经济体要使用“负利率”这种政策工具呢？

负利率就是将通常的存款利率改为负值，有时适用于央行接受商业银行存款时的利率。一般而言银行向央行存款时可获得利息，但在负利率情况下反而需要支付手续费。银行将钱存入央行会出现缩水，因此有望促使银行积极放宽面向企业的贷款，进而促进经济发展。

从目前的情况来看，全球共有五个经济体采用了负利率政策。

瑞典央行早在 2009 年就曾将隔夜存款利率设为 –0.25%，2015 年 2 月又将 7 天回购利率下调至 –0.1%，旨在刺激经济增长，追赶早期设定的 2% 的通胀目标；丹麦央行于 2012 年 7 月实施负的 7 天存款利率；瑞士央行于 2014 年 12 月实施负的活期存款利率。这三个国家施行负利率政策的主要目的都是对抗本币升值压力，促进出口，提振经济。

欧洲央行于2014年6月实施负利率政策，欧央行实施利率走廊制度，并对超额流动性统一采取负利率。2015年3月10日，欧洲央行全面下调三大利率。其中，主要再融资利率下调0.05%~0，存款便利利率下调0.1%~–0.4%，边际贷款便利利率下调0.05%~0.25%。这已是欧洲央行第四次降低隔夜存款利率。

欧央行负利率政策的主要特点是：第一，欧央行使用典型的利率走廊来引导市场利率。存款便利利率是银行在央行存放的过剩流动性的存款利率，边际贷款便利利率是银行从央行隔夜借款的利率，主要再融资利率是银行从央行获得常规流动性的利率，介于前两者之间；第二，不同于丹麦和瑞士，欧央行没有实行多级存款利率。根据欧央行在 2014 年的解释，对存放在央行的过剩流动性（包括 1000 多亿的存款便利和约 5000 亿的超额准备金，以及各国政府存放在欧央行的部分款项），统一实行负利率。这意味着超过 7000 亿欧元的款项将被征收 0.4% 的费用，给整个金融体系造成了较大的成本。相比之下，日本央行借鉴瑞士和丹麦央行的做法，在保持负边际利率的同时，减轻了金融机构的负担，也为未来进一步的宽松争取了些许空间。

2016 年 1 月 29 日上午，日本央行宣布开启负利率，并且模仿丹麦和瑞士，对金融机构存放的准备金实行三级利率体系。金融机构存放在央行的法定准备金（880亿日元），按照零利率政策执行；现有超额准备金（约22万亿日元），仍按0.1%的利率执行；对于新增超额准备金，按–0.1%的负利率政策执行。日本央行同时表示，负利率政策将与量化与质化宽松政策同步实施，维持每年80万亿日元的货币基础增幅。

日本央行推出负利率，源于日本经济前景恶化，日本长期陷入低利率、低增长、低通胀的“流动性陷阱”当中，其无担保隔夜拆借目标利率在2008年已低至0.1%，已无下降空间。在推出负利率前夕，2015年12月日本消费者价格指数（CPI）同比降至0.2%，核心CPI同比也仅为0.8%，同时油价的大幅下跌更加剧了通缩压力。此外，日本工业产出、家庭支出也大幅低于预期，加之股市暴跌，种种因素迫使日本央行不得不施行负利率政策，旨在改变通胀预期、刺激信贷并引导日元贬值。

日本央行在2013年、2014年连续推出两轮“量化与质化宽松”，旨在降低收益率曲线，刺激经济，并推动通胀回升。但事与愿违，对实体经济刺激效果十分有限，央行资产却不断膨胀。日本央行持有的国债占比从2013年4月的12%上升到2016年1月的32%，按照“量化与质化宽松”的购买计划，这一比例将在2018年超过50%。由于其他金融机构必须持有一定国债作为安全资产，日本央行购买国债的额度是有限的，预计在2017~2018年底到达峰值。因此，日本央行必须推出负利率这样的新工具来提升刺激效果。

负利率作为一种在经济下行压力之下不得已而为之的政策工具，从短期来看有其合理性。但从长期来看，此种类似于饮鸩止渴的政策工具，可能带来很多不可预期的负面效果。从目前实施负利率政策的五个国家来看，负利率所带来的效应主要表现在债券利率下降、汇率随之贬值、股市短期上扬三个方面。

在实行负利率的欧洲地区，负的短端国债收益率已成常态。到 2016 年 2 月底，德国、瑞典、瑞士的两年期国债收益率分别为 –0.56%、–0.6%、–1.03%，甚至曾经的欧债危机主要成员西班牙、意大利等国，短期国债收益率也进入负区间。10 年期收益率同样下行，瑞士 10 年期收益率已为负，低至 –0.45%。日本的国债和公司债收益率早已处于很低的水平，目前缓慢下行。

如此低的负收益率由何而生？第一，对经济和通胀前景的担忧，欧洲各国、日本经济仍未见起色，通胀率仍在 0 附近徘徊；第二，对央行未来继续宽松政策的预期；第三，央行实施量化宽松政策购买大量国债，压低了收益率；第四，负利率政策之下，投资者对安全资产的需求。在国债收益率已经被压到足够低后，企业债等其他资产的收益率也跟着下降，利差收窄。

央行增发货币，而实体经济并无起色，势必加大本币贬值压力。例如，欧央行自 2014 年 6 月实施负利率，欧元兑美元随即大幅贬值，而 2015 年基本没有降息，汇率即未进一步下跌；2012 年 7 月丹麦央行首推负利率后，丹麦克朗兑欧元贬值约半年之久，而 2015 年初在全球宽松的环境下，丹麦央行一个月内四次降息，再次拉动其货币贬值；同样，瑞典央行的负利率政策也造成了瑞典克朗贬值的长期趋势；瑞士在 2011 年设置了欧元兑瑞士法郎 1∶1.2 的下限，阻止瑞郎升值。面对升值压力，瑞士央行不得不在 2014 年 12 月和 2015 年 1 月连续两次降低活期存款利率至 –0.75%。但 2015 年 1 月 16 日取消汇率管制后，瑞郎立即大涨 20%。这是四年多升值压力的一次集中释放，非短期内施行负利率政策所能逆转。

宽松的货币政策对于股市总体利好，在全球宽松的环境下，实行负利率的国家，股市短期会出现上涨趋势。这主要是因为，一方面，实体经济不振、通缩盛行，充裕的资金流入资本市场；另一方面，日本、欧洲央行的量化宽松计划又挤占了一部分债市资金，使得市场的风险偏好被动提升，对股市利好。

欧洲央行的宽松政策，对全球股市的上涨起了推动作用。而从时间点上来看，2014 年 6 月欧央行实施负利率，并没有立刻推动股市上行；从 2014 年下半年开始，全球央行的宽松政策，加上量化宽松政策的推动，支撑起新一轮股市上涨。但随着美欧货币政策分化，无风险利率下降对股市的推动空间也越发狭窄，盈利持续萎靡，2015 年下半年欧洲各国和日本股市再次下跌。

理论上讲，储存现金的成本率就是负利率所能达到的极限了。如果负利率的刺激政策一直不见效，或许各国央行真如玩笑所言，会用电子货币取代纸质货币。事实上，由于北欧诸国流通货币量业已不大，欧盟议长已经开始呼吁取消 500 欧元面值的纸币。

通过分析我们不难看到，无论是“量化宽松”，还是“负利率”政策，仅仅能起到短期活跃市场的作用，对于唤醒企业投资、培育经济增长点，仍是力不从心。货币政策有其能力边界，金融结构性改革以及鼓励实体经济发展才是根本解决之道。

3.3 “暴涨暴跌”的全球汇率环境

2008 年金融危机至今，全球汇率环境堪称动荡，从货币政策到货币市场、从利率到汇率都充满诸多不确定性。这一切都源自国际金融危机后，美国所采取的量化宽松政策。2008年11月、2010年11月、2012年9月，美联储先后启动三轮量化宽松政策，造成美元流动性泛滥全球，巨量的廉价资金注入国际金融市场，推高了石油、黄金等商品价格，新兴经济体的股票、房地产价格也随之走高。为保证自身利益，世界主要发达国家也紧跟美国的步伐，日本央行继美国之后也实行“量化和质化”的货币宽松政策，增加流动性的力度和规模相较美国有过之而无不及；欧洲央行则于2015年3月宣布推出量化宽松政策，每月购买600亿欧元资产，持续到2016年9月，届时将有超过1万亿欧元进入市场。随着美元、欧元、日元等世界主要货币的流动性泛滥，其币值也大幅缩水，而世界各国货币均出现不同程度的涨幅，世界货币体系面临较大威胁。

然而，在距首次开启量化宽松政策六年之后，美联储在2014年突然宣布量化宽松政策退场，全球货币市场也因美元重回强势而进入新一轮的动荡。在国际金融危机和欧洲主权债务危机的阴影之下，世界主要货币均出现了不同程度的动荡和波动。

近年来的美元走势可以分为2008~2014年、2014年至今两个时间段来进行考量。

2008年国际金融危机之后，美国经济遭受沉重打击，经济增长大幅放缓。为缓解经济疲软以及失业率居高不下的困境，美国政府除推出“再工业化”战略之外，还在货币政策领域大做文章，美联储先后三次推出量化宽松政策，导致美元流动性大增，美元大幅贬值，非美元货币则不同程度处在升值压力之中。

尔后美国经济复苏步伐加快。2014年秋季，美联储宣布退出量化宽松政策，同时释放美元将要加息的信号。这一突如其来的改变，导致美元强势回归，非美元货币如坐过山车般从升值压力转向贬值压力，特别是新兴市场国家货币出现大规模贬值，例如马来西亚货币林吉特遭遇了自 1998 年以来最大跌幅，2014 年 9 月至今，美元兑林吉特升值将近 30%。

欧债危机后，欧元汇率出现了五个阶段大规模波动：2009年11月~2010年6月，欧元汇率开始受到危机影响，呈现大幅下跌；2010年6月~2011年5月，欧元区开始实施救援计划，加之美元指数下降，欧元汇率出现回升势头；2011年5月~2012年7月，由于欧元区政策的犹豫不决，欧元汇率再次下跌到低位；2012年7月~2014年9月，欧洲央行启动了一系列金融稳定计划，使欧元兑美元汇率开始了持续回升的势头，欧元汇率呈现复苏迹象；2014年9月至今，由于美国退出量化宽松政策加之欧洲央行于2015年实行量化宽松政策，欧元兑美元汇率再次下跌，并且欧元汇率长期下跌趋势已非常明显。

日元的波动幅度之大堪称主要货币之最。从 2007 年下半年开始日元升值迅猛，2011 年日元汇率多次刷新汇率的高峰，2012 年 1 月日元兑美元汇率甚至达到 76.94。可见，日元升值除了受到经济宏观因素的影响，还有更深层次的原因。总的来说，在这一时期日元升值主要是由于席卷全球的金融危机导致全球经济萧条，为了避险国际上的投机商开始转换投资方向，于是国际上大量避险资金注入，最终使得日元急剧升值。因此，这次升值具有很大的投机性，并不代表日元汇率已趋常态化。

因出口在日本经济中所占的比重很大，日元升值对其出口行业的打击很大，因此日本于 2013 年推出量化与质化宽松政策，于是日元进入贬值通道，加之其又于 2016 年初推行“负利率”政策，可以预见未来日元将呈长期贬值趋势。

国际金融危机之后，英国央行也一直实行低利率和量化宽松的扩张性货币政策。2011~2013年初，英镑贬值约25%，而英国央行表示，贬值并未对出口造成很大的提振，因此英镑的名义汇率需要继续走低，推动英国产品出口，促使经济达到再平衡。

2015年以来，受美元走强以及卡梅伦政府计划于2016年6月举行脱离欧盟全民公投的影响，英镑汇率急剧下跌。国际顶级投行高盛指出，假如英镑退出欧盟，英镑可能最多贬值20%，而英镑兑美元汇率可能会跌至1.15~1.20，为1985年来最低水准。

与世界主要货币一样，新兴市场国家货币在国际金融危机之后也出现了大幅波动，其特征主要表现为由于美国量化宽松政策货币大幅升值以及在美元逐步走强和国际大宗商品价格下降的带动下货币大幅贬值。

从 2015 年 12 月 17 日美联储宣布加息到 2016 年 1 月 26 日，短短一个月内，俄罗斯卢布、墨西哥比索、南非兰特、巴西雷亚尔和阿根廷比索兑美元汇率即已分别累计下跌 9.13%、7.66%、7.07%、4.29% 和 3.69%。这些国家多是属于大宗商品出口国，或与美国保持紧密的贸易往来。若从更广的视角观察，实则绝大多数新兴市场货币都出现了较大幅度的贬值。如在 2015 年全年，阿根廷比索、巴西雷亚尔、南非兰特和俄罗斯卢布对美元汇率累计下跌分别为 34.54%、32.94%、25.20% 和 20.30%，印度尼西亚卢比、马来西亚林吉特和泰国泰铢也纷纷贬值 8% 甚至是 10% 以上，中东欧新兴市场货币的贬值幅度也较大。

但应特别指出的是，作为主要新兴市场国家的中国，在国际金融危机之后，人民币汇率虽有所起伏，但仍相对较为稳健。

整体上来看，过去十多年来，人民币汇率总体在升值通道。2005年人民币汇率形成机制改革以来，人民币对美元汇率累计升值35.38%。2015年后，虽然中国经济进入调整期，增速已经从高速转为中高速，但由于人民币兑美元保持了相对稳定，美元走强导致人民币仍在被动升值。从另一角度来看，自人民币汇改以后，人民币对美元汇率走势和中美利差基本一致。2008年金融危机爆发后，美联储大幅降低联邦基金利率，并推出三轮量化宽松，中国的宽松力度不如美国，中美利差逐渐扩大。2008~2011年，中美10年期国债收益率逐渐扩大至2%以上，人民币兑美元不断升值。而2011~2014年中美利差保持稳定，人民币对美元汇率也相对稳定。

近期，在美联储加息前后，美元走强，包括中国在内的新兴市场国家货币普遍承受贬值压力，且美联储 2016 年预期加息 4 次。随着中美利差收窄以及未来资本流出，人民币贬值压力依然较大。

2016 年以来，全球汇率环境依然震荡频繁，原因何在？

首先，是美国退出量化宽松政策的预期影响。各国货币的波动，首先是相对于美元的升值或贬值，换言之，可能未必是这些货币的升值或贬值，而是美元的一个加速贬值或升值过程。所以，美国在全球金融危机之后，推出的几轮量化宽松政策，向全球注了大量的流动性，现在由于其经济复苏向好，根据本国货币政策的政策目标，认为已经达到逐渐退出量化宽松政策的时机。但在国际金融危机之后，很多的发展中国家甚至有些发达国家，一方面对于全球宽松的货币政策已经比较习惯；另一方面对于美联储加息的准备不是很充分，因此在很大程度上，决定了危机之后各国货币出现波澜壮阔的汇率波动。

其次，要归因于欧洲、日本为提振经济而采取主动贬值政策。受国际金融危机和欧洲主权债务危机影响，欧洲和日本经济增速放缓，失业率上升。因此，欧洲、日本央行以其通过货币贬值带动出口，进而达到提振经济的效果。为制约美国量化宽松政策的影响，欧、日央行相继推出量化宽松和负利率政策，力促本币贬值。可以说，主动选择进入贬值通道，是欧、日央行结合自身情况的自主化选择，与其经济结构和经济发展水平密切相关。

最后，新兴市场国家货币的大幅波动，带有比较强的被动性。国际金融危机之后，受美元加速贬值的影响，新兴市场国家货币出现大范围升值。但随着美元逐渐退出量化宽松政策，美元逐渐走强，国际大宗商品价格开始下跌，新兴市场国家货币又出现大幅度贬值。

对于新兴市场国家货币近年大幅贬值，主要包含三种原因：第一，以巴西、俄罗斯、智利为代表的以大宗商品出口为主的国家，在世界经济特别是中国经济增速放缓之后，随着他国对本国大宗商品需求的减弱，其国内经济以及本币汇率自然要受到影响。第二，以出口外向型为主的东亚及东南亚国家，在不同的产品和层级上有着不同程度的竞争，为了能够保持自己的出口强度和水平有时便会进行竞争性贬值。也就是说，在出口导向型国家具有促进本币贬值的原动力，当然也可以理解为保证国家经济发展的自我防御。第三，近年来，随着进入改革开放的新阶段，中国的经济结构处于调整之中，经济增速有所放缓。许多与中国有密切经贸关系的国家，例如金砖国家，其经济不可避免受到一定的影响，本币进入贬值通道也就在所难免。

第 4 章　汇率大变局

2015 年是全球金融市场风云变幻的一年，全球金融市场大幅动荡，主要经济体政府之间的信任和实质合作在进一步淡化，随之货币政策博弈却在加剧，2016 年全球经济将不可避免地面临更加难以预测的挑战和波动。2016 年第 1 季度，欧洲央行反其道而行之进一步扩大量化宽松政策的实施力度，日本央行也实施了负利率政策，市场的一系列表现使得美元加息计划受挫，美联储主席耶伦 3 月 30 日的“鸽派”言论让市场更加相信美联储会谨慎处理加息问题，而美国的宏观经济基本面并没有恢复到一个足以承受持续性加息所带来的各种市场压力的水平。在虚拟经济已经远超过实体经济，占全球经济主导的历史阶段，货币政策实施的有效性是决定一国汇率稳定的关键因素，货币政策又和本国宏观经济的稳定息息相关，所以现阶段货币的对外价值不再仅表现为名义汇率的单边变化，而是表现为一国国内宏观经济的稳定以及在全球贸易市场和金融市场中真实财富的创造能力。

4.1 各国宏观经济增速与汇率

2016 年第 1 季度全球经济持续低迷，发达经济体延续了此前的疲软态势，美国季度GDP同比增速虽然强于日本和德国，但是从下图可以看出，美国在2014年9月达到2.9%的峰值后，GDP增长出现瓶颈，并在2015年逐季下降，至2015年第4季度，美国GDP同比增速已经降至2%；此外，在经历了2008年的金融海啸后，美国经济从2010年第1季度开始进入经济复苏阶段，高企的失业率开始稳步回落，从2009年10月的10%回落至2016年3月的5%，至2016年4月，此轮复苏期已经持续了76个月，纵观“二战”至本轮金融危机之间的美国经济发展史，美国经济的平均复苏期为58个月，此轮复苏期已经远远超过了这个期限，而且至今仍然没有结束的迹象。美国的采购经理人指数（PMI）、经济领先指数和用电量数据都显示出和GDP增长同样的趋势，这几个指标都从2015年第4季度开始回落，2015年11月开始美国的PMI指数在75个月之后再次低于了荣枯线水平（50），虽然该指标在2016年3月回升至51.8，但是美国工业用电量同比增速的持续下滑和美国工业指数上升乏力都可以看出美国国内工业生产仍然低迷，问题重重，现有经济增长状况显然不如美联储去年底预期的那般乐观，这无疑将给美联储未来货币政策的制定带来更加巨大的挑战。美元作为最主要的国际货币，美国量化宽松政策的终结、国际金融市场中美元流动性的减少都必然会造成美元的走强，其他国家的货币在这个阶段要承受两方面的压力，一方面作为全球经济发动机，美国经济增长乏力会加大他国经济复苏的难度，国际收支经常账户增长缺乏动力将使得他国货币币值出现波动；另一方面美元的走强会在外汇市场和金融市场中给他国货币带来难以预估的贬值压力。

德国经济增长从2013年初开始逐渐恢复，但是受到欧债危机的拖累，始终处于低位震荡期，且欧元区整体失业率水平仍然高企，从2009年底开始，欧元区失业率一直在10%以上，但欧元区的PMI值、工业生产指数和经济领先指数的表现都优于美国，证明在德国的带领下，欧元区的整体工业生产正在逐渐恢复中，欧元汇率也从 2015 年 3 月开始结束了由美元走强带来的颓废态势，美国退出量化宽松对欧元带来的影响已逐渐消退。和美国德国相比，日本的 GDP 增长远低于预期，虽然 2015 年第 3 季度日本终于结束了持续一年的经济负增长，但是整体来看日本国内无论是私人需求还是公共需求仍然非常疲软，日本的工业生产指数长期在低位震荡且无法突破，其 PMI 指数在 2016 年 3 月起再次低于荣枯线水平；2015 年底欧洲银行利润大幅减少，全球金融市场对于负利率的担忧情绪进一步加重，日元作为主要避险资产，出现了一小轮短暂的升值，这使得日本经济雪上加霜，加剧了市场对日本经济持续走弱的预期，迫使日本央行不得不扩大货币刺激力度来提振市场信心。

金砖国家的经济发展整体情况优于美欧日，新兴经济体与美欧日之间的差距日益缩小，尤其以中国和印度为代表。中国的经济增长虽然不再如 2008 年之前一路高歌猛进，但仍然长期保持在 6.5% 以上。中国的工业生产指数也稳步回升并保持在高位运行，2016 年 3 月，中国的工业用电同比增速再次突破 7%。但中国的制造业发展却令人担忧，PMI 指数从 2011 年下半年开始就一直在荣枯线附近徘徊，说明中国经济发展仍然缺乏动力。中国的经济领先指数也从 2014 年 9 月开始一路下滑，中国经济正处在转型时期，内需的发展在这个阶段尤为重要。让人欣慰的是，目前市场的一系列反应表明中国国内需求处在平稳发展的区间内。正是基于此，国际货币基金组织在其 2016 年的《全球金融稳定报告》中警告说，随着中国对全球经济和世界金融系统的影响力不断增强，西方国家正面临越来越频繁的新兴市场危机及由此带来的破坏性风向，并且 IMF 在下调全球经济增长预期的同时，上调了对今明两年中国经济增长的预期。美国退出量化宽松后，在主要新兴经济体汇率都普遍走弱的形势下，人民币有效汇率指数仍然保持强劲升值，说明人民币对美元以外货币的升值趋势并未改变。和其他主要货币相比，人民币对美元贬值幅度仍属温和，这在很大程度上对我国的出口贸易扩张带来巨大挑战。“8·11”汇改是中国央行积极应对人民币长期单向升值所出台的主动贬值策略，汇改后人民币在岸离岸汇率逐渐统一，人民币汇率市场化程度进一步提升，人民币有效汇率指数的上升势头得到缓解。

印度从2012年第2季度开始进入经济复苏期，2014年9月开始印度经济增长速度超过中国，2015年第4季度印度GDP增长达到7.5%，2016年3月，印度的PMI值也回升至52.4，同期印度的工业用电量同比增速达到12.3%，超过中国的7.1%，印度的经济领先指数自2014年起也一路上升，现在是金砖国家中发展势头最为抢眼的国家。同时，印度卢比有效汇率指数在经历了四年的弱势下滑后，从2015年开始企稳，本文开篇就强调一国的财富创造能力决定了汇率的长期价值，印度卢比的价值与印度国内经济发展息息相关，伴随着印度经济增长的企稳回升，相信卢比在2016年也会有不俗的表现。

相较于中国和印度，巴西的情况不容乐观，巴西的经济增长从2010年开始一泻千里，截止到目前，已经连续6个季度出现负增长，2015年第4季度的GDP同比增速更是下滑至6%的历史低点。2016年第1季度，巴西政治危机加剧，2016年2月国内失业率上升至8.2%，工业生产指数、工业用电量均持续下滑，PMI指数也降至44.5。受巴西国内经济的拖累，巴西雷亚尔有效汇率指数在2016年仍然未能企稳，还处在下滑通道中。

4.2　国际经济格局变化与汇率

新兴市场的崛起是 20 世纪全球经济架构的最显著特征，新兴市场国家逐渐成长为全球贸易市场和金融市场主要参与者与推动者，尤其是 2000 年后，这个趋势更加明显。由图 4.1 可以看出，金砖国家 GDP 总值占全球 GDP 总值的比重在 2000 年仅为 8.2%，但至 2014 年该比重已经上升至 21.9%，这主要得益于中国的贡献，中国目前在全球经济总量中所占的比重已经达到 13.3%，并且在 2011 年正式超过德国和日本，成为仅次于美国的全球第二大经济体。从贸易角度看，2014 年金砖国家出口贸易和资本市场市值占全球出口总量和资本市场总市值的比重分别为 15.9% 和 15.4%，其中接近 10% 的贡献来自于中国，中国已经成为一个不折不扣的经济大国。随着中国全球经济地位的不断提升，人民币也逐渐成长为第二梯队的国际货币，人民币国际化程度不断加大，并于 2015 年被正式纳入 SDR 货币篮子中（表 4.1），但是国际经济地位的提升是否一定代表着汇率风险的降低呢？

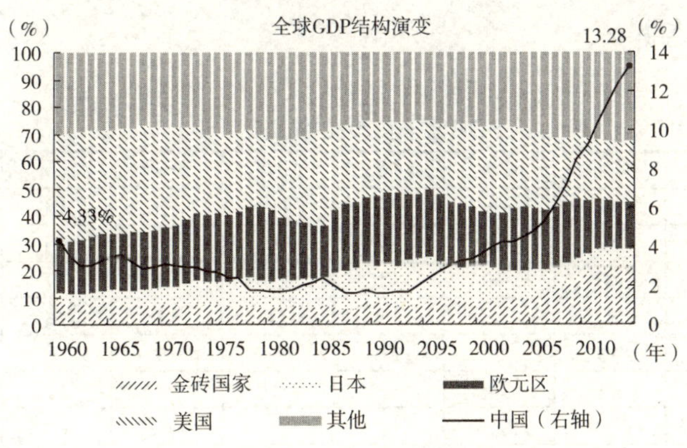

图4.1　全球经济结构演变

数据来源：世界银行

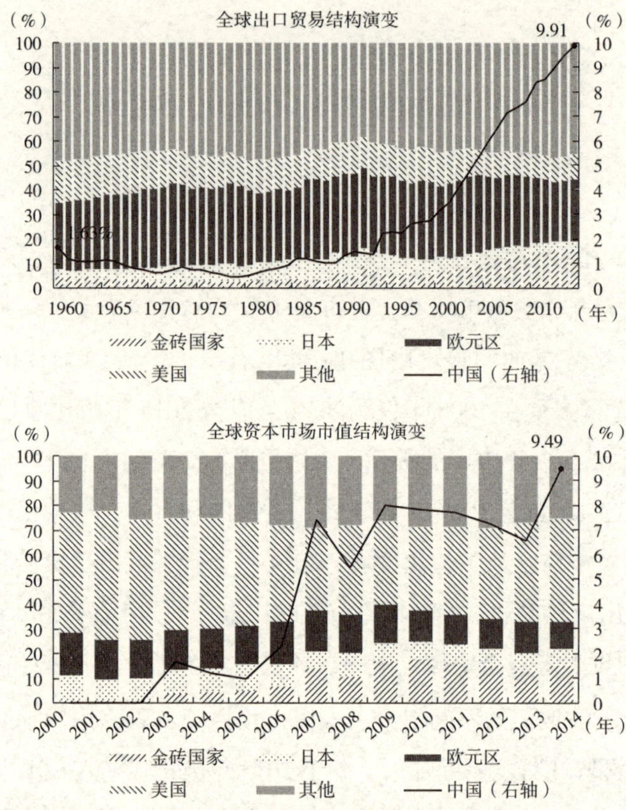

图4.1 全球经济结构演变（续）

数据来源：世界银行

表4.1 SDR篮子货币结构演变（%）

	美元	欧元	法郎	马克	英镑	日元	人民币
1981~1985年	42	—	13	19	13	13	—
1986~1990年	42	—	12	19	12	15	—
1991~1995年	40	—	11	21	11	17	—
1996~2000年	39	—	11	21	11	18	—
2001~2005年	45	29	—	—	11	15	—
2006~2010年	44	34	—	—	11	11	—
2011~2015年	41.9	37.4	—	—	11.3	9.4	—
2016~2020年	41.73	30.93	—	—	8.33	8.09	10.92

数据来源：IMF

货币国际化的进程中，总会伴随着汇率的单边升值，1981 年，IMF 决定将 SDR 的货币篮子限定在五种主要发达国家的货币：美元、英镑、法国法郎、德国马克和日元，并且商定每五年对 SDR 篮子货币的权重调整一次。自此日元成为了真正意义上的国际储备货币，日元国际化进程正式启动，在这之后从图 4.2 可以看出日元长期保持了对美元的单边升值，这和人民币近几年的情况非常类似。一国货币国际地位提升的同时本国经济所付出的代价也是巨大的，日元和人民币国际化进程中本国的出口都受到不同程度的影响，出口规模的同比增速都出现逐月下降的趋势。此外，外部市场对人民币汇率的冲击逐渐加大，虽然人民币在岸市场一路升值，但是离岸市场早已显示出贬值预期，“8・11”汇改后，人民币贬值程度进一步深化，2016 年 1 月 6 日，离岸市场人民币远期 NDF 汇率创 2008 年以来的历史新低，为 6.955，当天人民币远期贴水率高达 6.49%。虽然随后人民币贬值压力有所缓解，但人民币要实现将汇率波动稳定在一定区间内仍然需要很长的道路要走，中国的外汇管理当局所要面临的挑战和风险也是巨大的，一旦无法及时准确地应对市场中的任何波动，人民币汇率危机极有可能爆发，而人民币国际化也将如日元那般面临“昙花一现”的尴尬处境。事实上，国际地位的提升并不必然带来全球金融市场中货币流动性需求的持续性增加和汇率的长期稳定，汇率的稳定最终还要依赖于本国真实财富的创造能力。接下来，便以日元为例对此略作阐述。

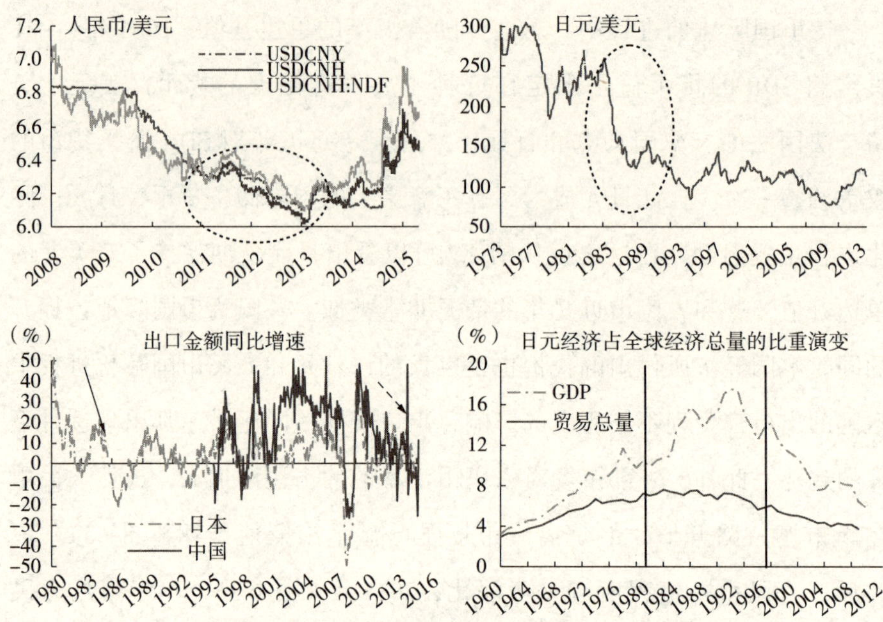

图4.2　中日货币国际化演变历史

数据来源：WIND

布雷顿森林体系瓦解后，伴随着浮动汇率体系的形成，国际货币体系逐渐由单极结构向多元化结构演变，随后几年时间中，日元的国际化进入了初始的朦胧阶段，1981 年，日元被纳入 SDR 五国货币篮子中标志着日元国际化进程正式拉开序幕。日元国际化进程是伴随着日本经济实力的崛起而逐步实现的，战后日本经济 70 年代初就超越德国成为世界第二大经济体，80 年代是日本经济腾飞的时代，这时期日本经济保持了高速发展并且国内通货膨胀情况较其他发行国际货币的国家为好，物价稳定；但伴随着广场协议后日元的急剧升值，日本的经济泡沫迅速积累，房地产泡沫的破灭进一步拖垮了日本经济，使其从 90 年代中期开始进入衰退期，随之日元汇率也进入了剧烈波动期。

从 1989 年 9 月美联储、英格兰银行和日本银行发布的一份调查报告中的统计数据可以看出（见表 4.2），1983 年在纽约外汇市场中日元的交易规模相比于 1980 年上升了 115.7%，八年后进一步上升了 147.1%。相对而言，德国马克在加入 SDR 五国货币篮子前后在纽约外汇市场中的交易规模表现比较稳定，加入 SDR 未对马克在外汇市场中的资产配置产生显著推动作用。但是从日元在东京外汇交易市场的数据可以看出，从 80 年代末开始，日元交易出现疲软态势，1986 年至 1989 年期间，日元交易规模占比从 38.5% 下降至 36%，下降幅度为 6.4%，进入 90 年代后，日元在全球外汇市场中的交易规模逐渐萎缩，同时东京外汇市场的交易规模占比也迅速下降，至 1998 年更是从 1989 年的 15.5% 下降至 6.9%（表 4.3）。

表4.2　主要外汇市场中货币交易量占总交易量比重（%）

	纽约				伦敦		东京	
	1980 年 3 月	1983 年 4 月	1986 年 3 月	1989 年 4 月	1986 年 3 月	1989 年 4 月	1986 年 3 月	1989 年 4 月
对美元交易								
马克	31.8	32.5	34.2	32.9	28.0	22.0	10.4	9.7
日元	10.2	22.0	23.0	25.2	14.0	15.0	77.0	72.1
英镑	22.7	16.6	18.6	14.6	30.0	27.0	3.0	4.3
瑞士法郎	10.1	12.2	9.7	11.8	9.0	10.0	5.6	4.4
法国法郎	6.9	4.4	3.6	3.2	4.0	4.0	0.3	0.2
其他	18.3	12.1	10.9	12.3	12.0	13.0	3.7	3.2
交叉货币交易	—	0.2	—	—	3.0	9.0	—	6.1

数据来源：BIS①、Tavlas和Ozeki（1992）②

① BIS.外汇市场和衍生品市场活动的央行调查报告，1990~2005.

② Tavlas，G.S.，Ozeki，Y.The Internationalization of Currencies：An Appraisal of the Japanese Yen[R].IMF Occasional Paper，No.90，Jan，1992.

表4.3 日元交易及东京外汇市场交易占全球外汇交易的比重（%）

	1970 年	1975 年	1989 年	1992 年	1995 年	1998 年	2001 年	2004 年
日元交易	0.0	0.5	13.5	11.7	12.1	10.1	11.4	10.1
东京外汇市场交易	—	—	15.5	11.2	10.2	6.9	9.1	8.2

数据来源：BIS、Takagi（2009）①

结合日元在全球经济结构中地位的演变数据可以看出，日元汇率的走势和日本国内经济发展息息相关，由市场造成的任何汇率的短期波动都不足为惧，只有当国家整体经济增长出现大幅下滑，国家真实财富开始萎缩时，汇率才会出现长期的剧烈波动并反过来进一步加剧国内经济的衰退程度。当下中国的经济增长虽然已经不比 2008 年金融危机之前，但是仍然处在经济稳定发展时期，该阶段人民币的任何短期波动都不应该成为阻挠货币当局进行金融体制市场化改革的拦路虎。虽则我国长期保持真实财富的稳定扩张，人民币长期来看并不必然具有持续贬值的基础，但我们仍然要从日本的经验教训中总结学习，对于实体经济的发展一刻都不能松懈，甚至在实体经济和虚拟经济发展出现碰撞时，也要首先保证实体经济的稳定扩张。

4.3 全球货币政策分化与汇率

美国经济在经历了次贷危机的严峻考验后，从2009年中期开始稳步复

① Takagi，S.，Internationalising the Yen，1984–2003：Unfinished Agendaor Mission Impossible？，prepared for BIS/BoKseminaron Currency Internationalization：Lessons from the Global Financial Crisis and Prospects for the Futurein Asia and the Pacific，Seoul，19–20March2009.

苏，伴随着就业和CPI等宏观基本面指标的持续好转，美国于2015年12月毫无意外地启动了加息周期，但是与前几次加息周期相比，美国经济的发展现状显然并没有稳固到可以承受持续加息所带来的各种市场压力，而且美国CPI数据显示其物价稳定，国内并没有通货膨胀的压力，货币政策往常态回归可能会需要更长的时间。不出所料，2016年4月28日，美联储公布最新的利率决议，决定维持联邦基金利率在目标区间0.25%~0.5%不变。美联储此次会议提出美国经济目前是喜忧参半，虽然劳动力市场压力逐渐释放，但是当前经济增速显然低于美联储2015年12月加息之前的预期，家庭消费增长放缓，投资和贸易数据仍显颓废。由于市场普遍预料到了美国2016年第1季度会暂缓加息，美元指数结束了强势上升趋势，进入了震荡期，新兴市场国家资本外流的压力有所缓解。美联储此次会议中，并没有明确说明第2季度是否会加息，但2016年6月份英国退出欧盟的公投事件可能会使得美元升值压力增大，美联储如果选择在这个时间点加息显然不是一个最优的方案，所以美联储下次加息很有可能会在2016年9月份。

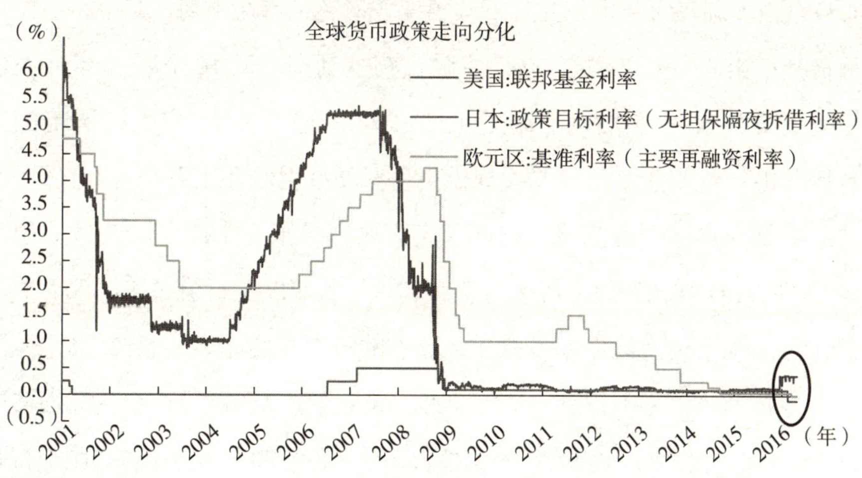

图4.3　全球货币政策分化加剧

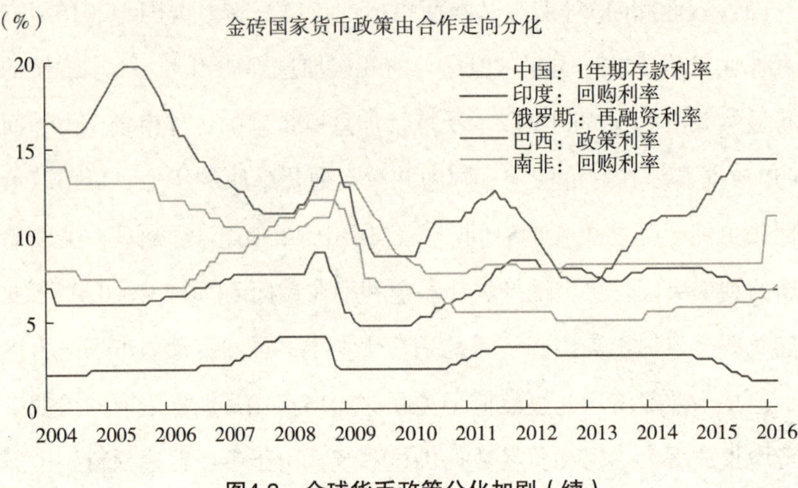

图4.3 全球货币政策分化加剧（续）

数据来源： WIND

与美国偏紧的货币政策不同，欧元区和日本大幅调低利率，大步实施宽松型货币政策，主要发达国家之间的货币政策分化进一步加剧。欧央行近期同时打出三组重拳以增加市场流动性：（1）在 2016 年 3 月 10 日晚公布将全面下调三大利率，并且下调幅度普遍超过市场预期，其中将主要再融资利率由 0.05% 下调至 0%、将隔夜存款利率下调 10 个基点至 -0.4%、将隔夜贷款利率由 0.3% 下调至 0.25%；（2）进一步扩大 QE 购买范围至包括非银行企业债，并将购买规模由每月 200 亿欧元上调至 800 亿欧元；（3）从 2016 年 6 月起启动新一轮长期再融资操作（TLTRO），持续时间为 4 年，TLTRO 的最低利率可以与存款利率一致。欧央行公布该决议后的一刻钟内，欧元兑美元汇率下跌 127 点，欧洲斯托克指数大涨 2.3%，德国 10 年期国债收益率下跌至 0.17%。就在市场普遍认为欧央行会持续性实施宽松型货币政策时，欧央行行长德拉吉在随后的新闻发布会中宣布欧央行利率将在较长时间内维持现有水平或进一步走低，且利率维持低位将超过 QE

（即量化宽松政策），但是进一步降息的必要性降低，这一“鹰派”言论使得市场对欧央行的宽松货币政策预期出现犹豫情绪，欧元大幅反弹，欧股上扬。可见虽然欧央行使出浑身解数扩大货币政策宽松力度，但市场仅因为德拉吉的一句话而风向逆转，说明其在意的并不是短期内欧央行使用了多少工具来增加流动性，而是欧央行宽松型货币政策所能持续的时间长短。

2016 年 1 月 29 日，日本央行于议息会议后宣布，将对金融机构存放在中央银行的超额准备金征收 0.1% 的利息，即负利率，并且延长 2% 的通胀目标实现时间，下调对核心 CPI 和 GDP 增速的预期。2016 年第 1 季度日元持续走强明显违背了安倍经济学的初衷，并且日本 PMI 值持续下降，CPI 同比增速再次回到通缩区间，市场普遍预期日本会进一步扩大量化宽松货币政策的实施力度，但是出乎意料的是，日央行 2016 年 4 月的议息会议决定维持政策利率在 –0.1% 不变，同时维持每年 80 万亿日元的国债和 3.3 万亿日元 ETF 的购买规模不变。日本此轮量化宽松政策很大程度上是为了跟随欧央行的步伐，所以在欧央行 4 月并未进一步扩大宽松力度的前提下，日本央行维持当前负利率不变也是情理之中的。尽管日本央行在 2016 年 4 月意外选择按兵不动，但是其行长黑田东彦仍然强调，必要时，日央行会启动所有三个维度的货币政策工具来扩大宽松力度，日本的货币政策并不存在限制，这为日央行未来继续量化宽松政策埋下了伏笔。

由图 4.4 可以看出，美联储货币政策对新兴市场国家的影响远远超过对日德等发达经济体，美联储采用紧缩性货币政策时，资本外流的压力迅速在新兴市场国家显现，从 2015 年 12 月加息开始到现在，金砖国家的资本市场都有不同程度的下跌，其中巴西、中国和俄罗斯资本市场的跌幅均已超过 15%，发达经济体中，美联储加息对日本资本市场的冲击最大，日经 225 指数下跌超过 12%，英国 FTSE100 变现最为平稳。随着市场对美元进一步加息预期的降温，各国资本市场在这两个月下行压力明显缓解。此外，从外汇市场来看，美联储加息并未对日元和欧元的汇率造成明显影响，但是新兴市场国家的货币却在美元逐渐退出量化宽松政策后长期承受着巨大的贬值压力，2014 年以来，俄罗斯卢布、巴西雷亚尔和南非兰特名义有效汇率指数已经分别下跌了 44.2%、21.8% 和 19.7%，与之形成鲜明对应的是，人民币和印度卢比有效汇率指数在这期间不但没有下降，反而分别上升了 6.3% 和 4.8%，足以看出经济增长和真实财富创造能力对汇率的支撑作用。

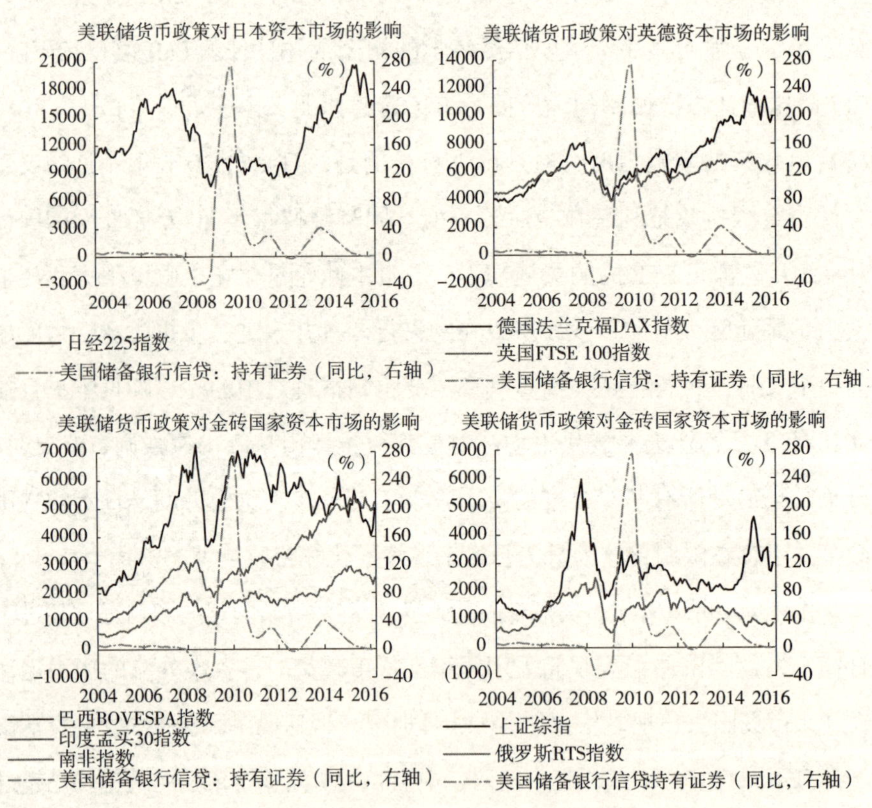

图4.4　美联储加息对全球经济的影响

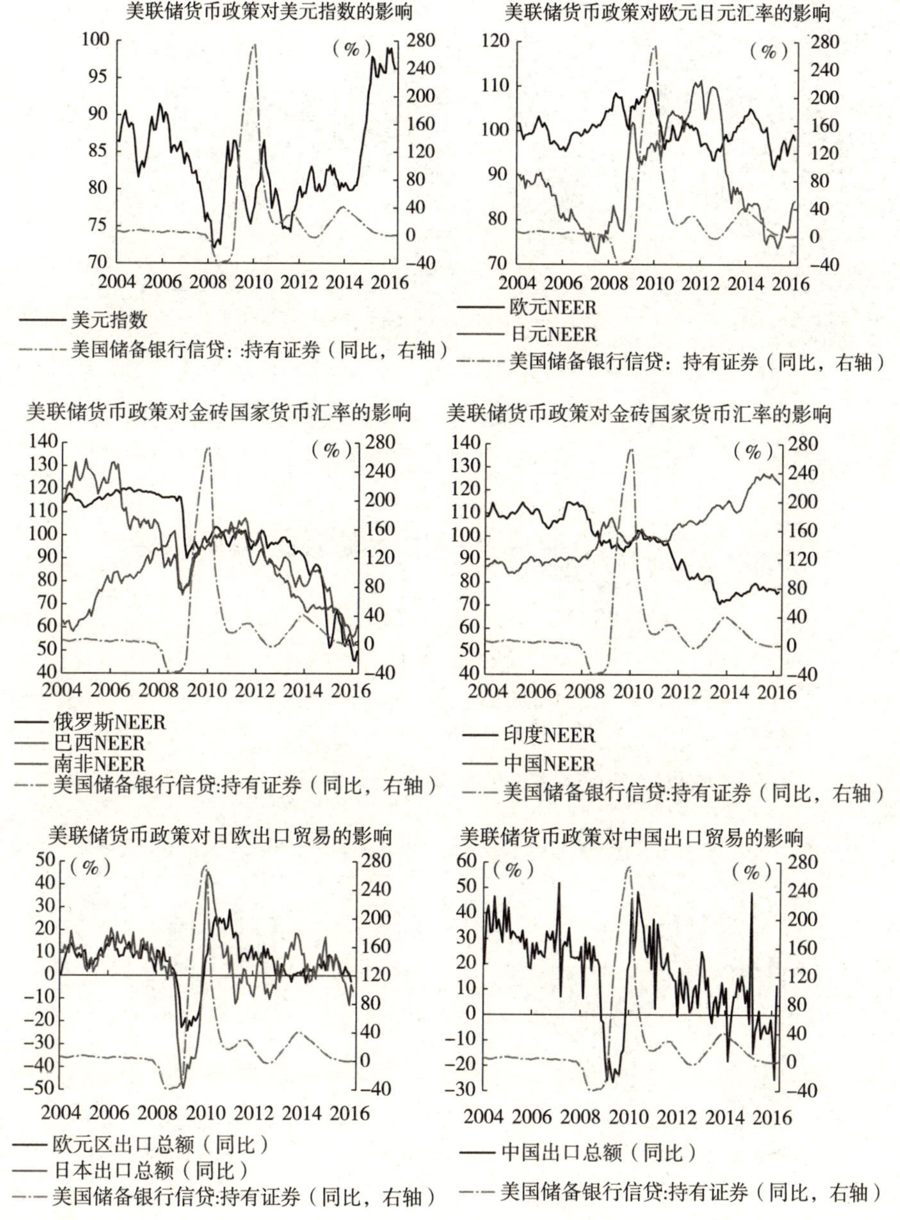

图4.4　美联储加息对全球经济的影响（续）

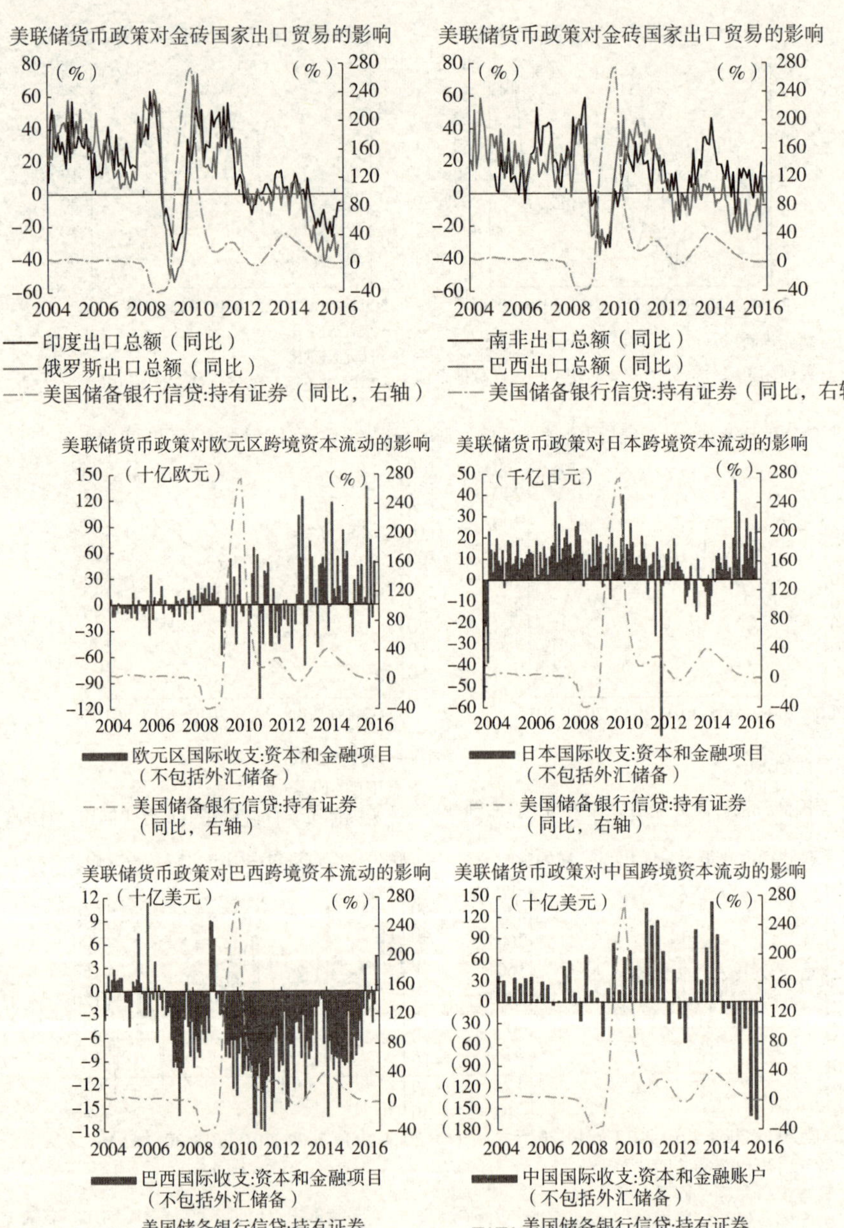

图4.4 美联储加息对全球经济的影响（续）

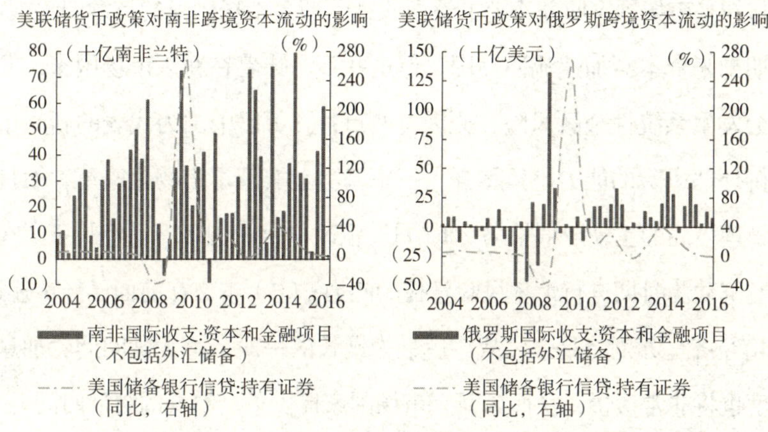

图4.4　美联储加息对全球经济的影响（续）

从图 4.4 可以看出，在新兴市场的黄金十年和美国量化宽松期间，大量国际资本从美欧日等发达经济体流向新兴市场。然而，资本流入给新兴市场国家所带来的繁荣并没有持续太长时间，随着美国逐渐退出量化宽松并且启动加息周期，新兴市场国家普遍要面临一个非常尴尬且难以解决的难题，即资本外逃。从国际收支的角度来看，联储加息对新兴市场国家经常账户和金融账户的影响都是非常深远的。虽然从 2015 年下半年开始，人民币贬值预期持续增加，但是截至 2016 年 2 月，中国的出口贸易同比增速仍然连续 8 个月出现负增长，当月更是下降至 25.4%。不独我国，其他金砖国家也出现了类似的情形，可见经常账户顺差的减少短期内加剧了资本外流给金砖国家货币汇率带来的贬值压力。值得关注的是美联储加息对各国跨境资本流动的影响，从图 4.5 可以看出，由于欧元和日元是第二梯队的主要国际货币和避险资产选择，美联储加息并未造成欧元区和日本国际资本的迅速外逃，中国则不然，从 2014 年 6 月份起，资本和金融账户（不包括外汇储备）一直保持逆差状态，即流出的资本超出了流入的资本，这也造成了外汇储备的大量流失。随着美国与新兴市场国家收益率差的逐渐收敛，新兴市场国家的持续弱势震荡，可以预期未来资本会加速流回美国。但这并不意味着在新兴市场国家，尤其是中国会发生系统性金融风险，原因有两点：（1）以中国为代表的新兴市场国家抵御外部风险的能力整体增强，汇率基本上实现了市场化改革，而且中国货币管理当局的主动贬值策略“8·11”汇改显示中国政府已经具备了在当今全球经济动荡时期进行汇率风险管控的能力；（2）本文在前面已经论述过，美国此轮经济复苏期将是“二战”后最为漫长的一次，毫无疑问此轮加息的爬行速度也将非常缓慢，从而为新兴市场国家提供了足够长的缓冲时间。

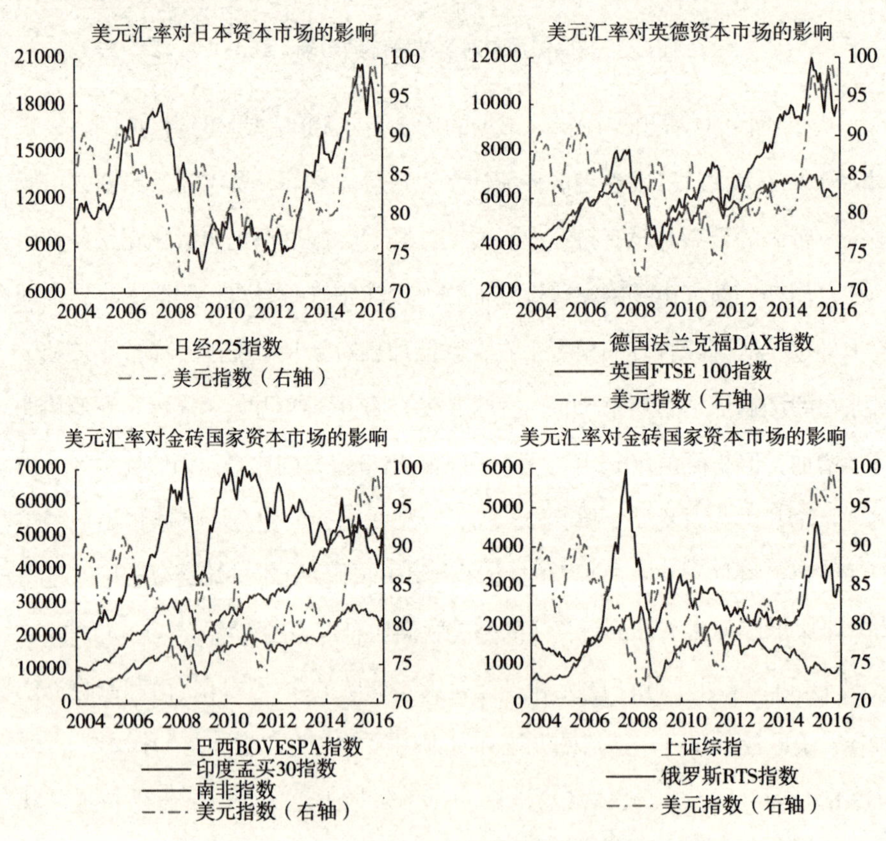

图4.5 汇率对全球资本市场的影响

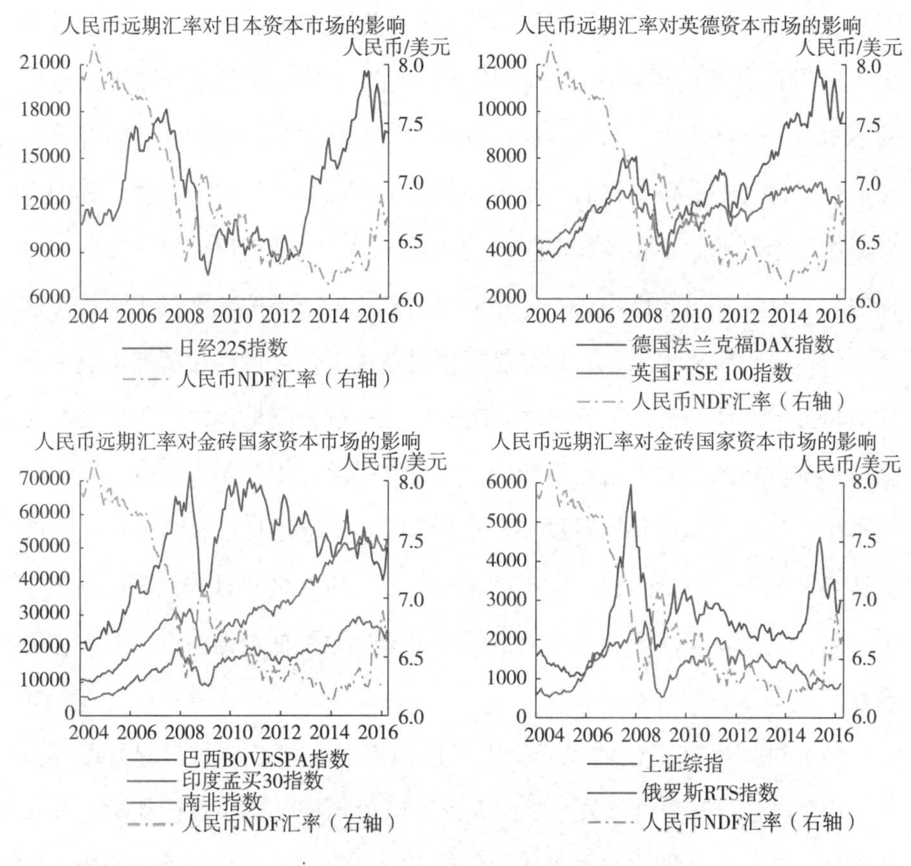

图4.5　汇率对全球资本市场的影响（续）

4.4　大宗商品市场和金融市场走势与汇率

20 世纪 70 年代以来，庞大的货币交易额与金融产品交易规模逐渐与物质产品的生产和流通脱钩，世界资本运动的主体也开始发生转移，世界资本也因此进入了一个崭新的时代——“虚拟资本主义”时代。金融扩张也成为新时期世界经济的主要特征，虚拟经济的规模随着经济全球化的不断深入日益扩大，其与实体经济之间的位移也越来越远。虚拟经济有如下特点：（1）金融工具的市场价值脱离了金融工具的自身价值，其的交易形成了相对独立于实体经济的运动体系；（2）货币在虚拟经济发展的过程中起着举足轻重的作用；（3）外汇交易和资本市场的发展也逐渐从实体经济的运行中脱离出来，并且交易规模日益扩大，对世界经济的影响力也逐渐超过了实体经济，随着全球金融自由化程度的逐渐加深，外汇交易对全球资本市场的影响力也在不断加大，尤其是美元走势基本上成为了全球资本市场的主要风向标。从图 4.5 可以看出，无论是日本和欧元区这样的发达经济体，还是金砖国家资本市场都和美元指数之间有非常明显的负相关关系，这主要是由于美元指数走强不可避免地要抽走他国市场的大量流动性。

随着中国经济地位的提升，人民币汇率对全球经济的影响力逐渐显现，由图 4.5 可以看出过去三年内人民币贬值预期的产生往往伴随着发达经济体和其他金砖国家资本市场的持续下跌。人民币汇率已然成为影响全球股市的一个重要经济变量，人民币持续贬值预期是 2016 年全球经济和市场最大的单一风险之一，长期来看，人民币贬值压力仍然存在，而人民币持续性的贬值压力会加大资金流出新兴市场国家的力度，有可能会使得新兴市场国家的货币加速下跌。IMF 在其 2016 年 4 月 4 日发布的《全球金融稳定报告》中表示，目前 33.3% 到 40% 全球股市收益波动和汇率波动是由新兴市场国家引起的。虽然中国对全球资产价格造成的影响有限，但中国经济的各种正反消息对全球经济的影响力要远远超出你的想象，中国工业增长疲软，经济增速下滑是导致全球股市下挫、大宗商品价格跳水的主要诱因。IMF 有研究表明，中国经济发展对全球股市的影响力正在不断扩大，且过去五年来，中国经济增长中的突发事件对全球股市的影响力几乎增加了三倍；此外，随着中国金融体系市场化改革的不断深入，中国经济的金融溢出效应将大大增强。

虽然中国是全球大宗商品的最主要需求国之一，但是美元是大宗商品主要定价货币这一现状中短期内是无法改变的，强势美元和中国工业生产相对低迷所带来的需求乏力共同导致了这两年来大宗商品市场的低迷，尤其是原油市场。其中布伦特原油从 2014 年的 109 美元 / 桶，已经下跌至如今的 47 美元 / 桶，跌幅达到 56.8%，OPEC 国家坚持不减产的同时美国宣布放松本国石油出口，更是使得全球原油市场严重供过于求，使得原油价格雪上加霜。由图 4.6 可以看出，2014 年以来，人民币汇率和中国资本市场的发展对大宗商品市场的影响趋势明显加强。从国际收支的角度考虑，人民币贬值使得进口商成本增加，在需求本就低迷的时期，贬值无异于进一步打击了进口商进行大宗商品交易的动力。

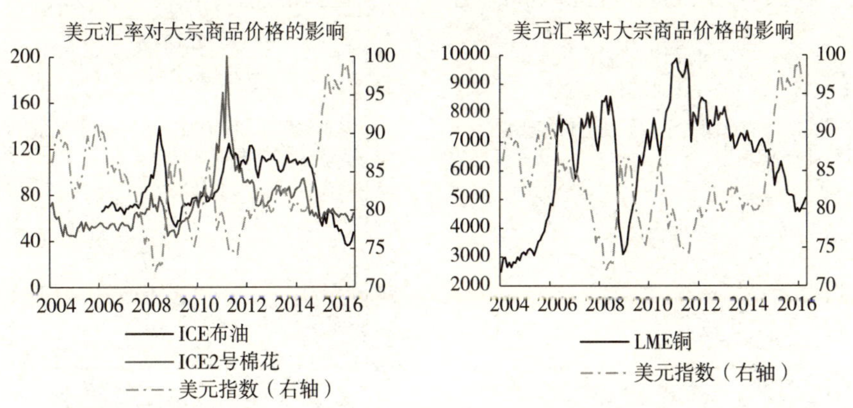

图4.6　全球大宗商品价格走势与主要经济变量之间的关系

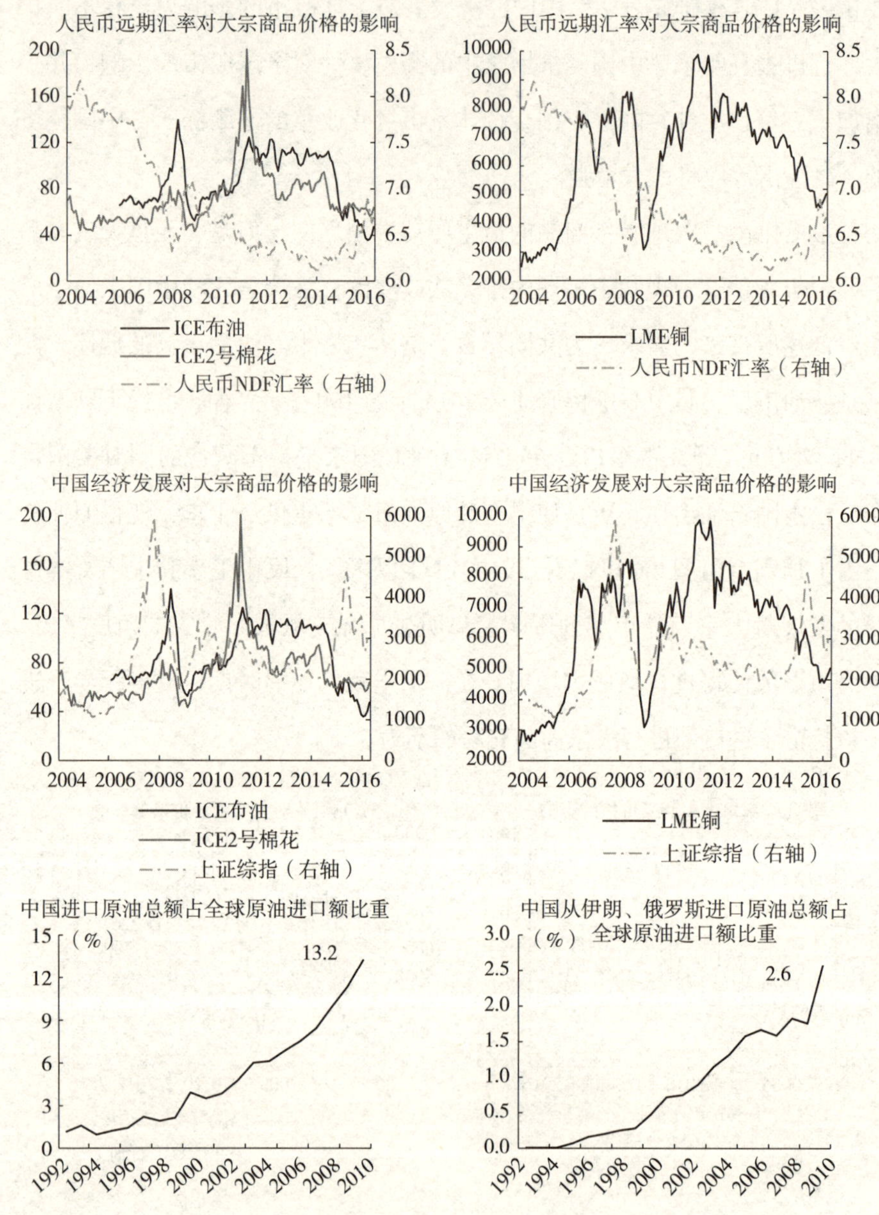

图4.6　全球大宗商品价格走势与主要经济变量之间的关系（续）

总体来看，2010 年以来，全球经济结构已经发生了巨大变化，随着中国经济的崛起，中国经济发展和人民币汇率对全球经济的影响力显著增加。现阶段货币的对外价值不再仅表现为名义汇率的单边变化，而是表现为一国国内宏观经济的稳定以及在全球贸易市场和金融市场中真实财富的创造能力，一国的经济增长和真实财富创造能力对汇率具有长期的支撑作用。只要经济发展是平稳的，由市场造成的任何汇率的短期波动都不可怕，但当国家整体经济增长出现大幅下滑，国家真实财富开始萎缩时，汇率出现持续性的剧烈波动就会反过来进一步加剧国内经济的衰退程度。

分 析 篇

第 5 章　理解人民币汇率

改革开放以来，人民币汇率机制逐步演变。受长期计划经济影响，在很多年中，汇率形成机制更多表现为一种过渡性状态。双重汇率制度在这一背景下逐步形成，并发展、演化。

5.1　人民币汇率制度的发展

从 1981 年开始，我国进出口贸易与非贸易外汇适用不同的汇价。非贸易外汇沿用之前的人民币公开牌价，而进出口贸易外汇结算则另行规定相应汇价，即贸易外汇内部结算价。这一做法使得汇率市场被无形分割，并且助长了外汇黑市盛行。从 1982 年起，我国货币当局开始下调公开牌价，并于 1985 年调至 1 美元兑 2.80 元人民币，与贸易外汇内部结算价大致持平。[①] 从而在事实上终结了进出口贸易与非贸易外汇双重汇率，转而回归之前的单一汇率机制。

贸易与非贸易外汇双重汇率虽然得以统一，但 1985 年以后出现了另一种双重汇率机制，即在官方汇价与外汇调剂汇价（市场汇率）适用不同

① 杨帆 . 人民币汇率制度历史回顾 [J]. 中国经济史究，2005.

的汇率。[①] 在此期间，由于境内机构急于投资固定资产，国内经济呈现过热局面，通胀压力相应增加，促使人民币事实上对内贬值。与此同时，我国进口需求持续激增，导致外汇储备逐渐减少。基于上述原因，我国先后对官方汇价和外汇调剂汇价作出向下调整。起初，外汇调剂汇价主要承担官方汇价补充功能，在汇率调整上更多注重官方汇率调整，官方汇率由此经历了四次较大幅度下调。但随着外汇调剂市场规模递增，外汇调剂价格调整得以重新恢复。

从 1992 年起，全方位扩大对外开放成为时代主题。与此相呼应，人民币汇率在制度改革层面突破计划经济束缚，实现了实质性跃进。汇率并轨是这一时期的人民币汇率制度改革的显著标志。从 1994 年开始，我国开始实行以市场供求为基础的单一的有管理浮动汇率机制，实现了人民币官方汇率与外汇调剂市场汇率的并轨。[②] 并轨之后，原外汇上缴和留成机制不再实施，而由银行结售汇制取而代之。与银行结售汇相配套的是银行间外汇市场的建立。银行间外汇市场进而促使人民币汇率机制有效形成，被指定的外汇银行依据每日结售汇量以及结售汇周转外汇头寸限额（由中国人民银行核定），进行外汇买卖及填补头寸，以此形成外汇供求关系，并最终产生外汇市场价格。在汇兑方面，1996 年 1 月，尚存的经常项目汇兑限制被全部取消从此不再设置。这些制度的设计大致构成我国目前外汇制度的整体框架，为未来外汇市场改革奠定了基调。

1997年金融风暴席卷东南亚之际，由于我国资本项目的严格汇兑管制，经济所受冲击较小，但经此一役我国政府的风险意识得到提升，从而对人民币汇率市场化改革持有更加谨慎态度。在此期间，我国名义上延续

---

① 陈鸾.探讨人民币双重汇率制度时期（1981~1993）[J].企业导报，2011.

② 束金中 . 人民币汇率并轨后走势趋强的原因及其展望 [J]. 国际商务研究，1995.

1994年实行的以市场供求为基础单一的有管理浮动汇率制，但实质上采取单一盯住美元的汇率制度，且对浮动汇率浮动幅度严格管控。人民币对美元汇率在1995~2000年只出现小幅度波动，2001~2004年几乎没有任何显著变动。在严格的汇率管制下，人民币对美元的真实汇率难以获得准确反映，汇率形成机制受到比较严重的扭曲。

2005 年，单一盯住美元的汇率机制实施 8 年之后，人民币浮动汇率制度呈现突破性进展。自 2005 年 7 月 21 日起，我国实行以市场供求为基础，参考一篮子货币进行调节的有管理浮动汇率制度，主要源于以下几方面因素：其一，要求人民币升值的国际舆论压力，以及其他国家对我国汇率操纵的批评；其二，自 2001 年入世以来，经济全球化趋势浩荡难挡，我国政府认识到人民币汇率长期扭曲将对人民币利率市场化形成机制构成严重阻碍；其三，人民币汇率被低估可能起到保护国内产业效果，但也势必削弱中国产业的国际竞争力，融入经济全球化相较而言更加重要。综合权衡国内外影响因素，我国实现了人民币市场化改革重启。[①] 至此，人民币汇率形成机制更加富有弹性，人民币对美元汇率呈现整体上扬趋势。

5.2　人民币汇率形成机制

相关汇率制度是人民币汇率形成机制的基础，通过系列汇率制度的配套设计，人民币汇率机制的总体框架日臻成熟。人民币汇率形成机制主要涉及以下几方面内容：

---

① 钱志远 . 加入 WTO 后中国外汇管理体制的变革 [J]. 河南学习论坛，2006.

（1）价格形成机制——参考一篮子货币进行汇价调节

参考一篮子货币意味着放弃之前紧盯美元的汇率制度，在众多外汇中选定一篮子参考外汇。“参考”更能体现汇率政策自主性。如果继续沿用“紧盯”政策，虽然一定程度上能够保证汇率稳定，但或将丧失汇率调节自主性，亦难以有效反映汇率市场的真实变动。参考一篮子货币的汇率形成机制体现为：在一般情况下，人民币外汇交易中间价由中国人民银行根据上一日银行间外汇市场闭市后的收盘价确定，但是人民币对美元与非美元的日浮动区间相对固定。美元的变动幅度为3‰，非美元变动幅度则相应设定浮动范围。如果收盘价超出汇率变动的限定区间，央行将会考量国内外市场价格变量因素，即市场供求以及一篮子货币的汇率变动，以便重新确定中间价格。

（2）汇率形成机制——双层结构市场

汇率形成机制主要依托于双层结构市场，即银行间外汇市场，以及银行与客户之间的零售市场。作为外汇市场主体，银行间外汇市场是人民币汇率形成机制的核心。[①]银行间外汇市场参与者，主要指经国家外汇主管部门批准，可以经营外汇业务的境内金融机构和非金融企业。首要参与者央行则通过参与银行间外汇市场交易活动对汇率进行调解，市场参与主体可以通过外汇交易中心交易系统进行人民币与外币、外币与外币交易。银行与客户的零售市场主要进行银行与客户之间的结售汇业务。2007年之前，我国实行强制结售汇制度，对企业的外汇留存与支取进行严格管制。2007年我国取消账户限额管理，通过央行公开市场操作引导企业结售汇，标志着我国外汇市场更加开放、宽松的管制趋势。

---

① 根据《中国人民银行公告〔2006〕第1号》的规定：欧元、日元、港币等非美元货币对人民币交易价在中国外汇交易中心公布的非美元货币交易中间价上下3%的幅度内浮动。

（3）交易形成机制——询价方式与做市商制度

2006年之前，人民币汇率交易机制相对单一，一般采取撮合竞价方式。2006年以来，我国开始引入询价交易方式（简称OTC），市场交易主体的银行间外汇交易方式选择范围随之扩展。竞价方式主要体现为集中授信、集中竞价，而询价交易则采用双边授信、双边清算形式。此外，银行间外汇市场还引入做市商制度，从而形成我国混合的汇率交易形成机制。[①]一般而言，询价方式适用于银行间市场，而做市商制度既适用于银行间市场，也适用于金融机构与客户之间的零售市场。询价方式被采用以前，中间价的确定主体已由中国人民银行授权给中国外汇交易中心。采纳询价方式后，中间价的确定方式分为两个步骤：第一步，中国外汇交易中心于每日银行间外汇市场开盘前向所有银行间外汇市场做市商询价；第二步，以询到的价格作为样本，去掉最高价与最低价后，剩余部分加权平均得出中间价。加权平均时，各做市商价格的权重比例取决于做市商在银行间外汇市场上的报价以及交易量等综合因素。

（4）汇率交易品种的多样化

目前，即期和远期是我国外汇市场的主要交易品种，其中即期外汇交易品种是外汇市场主体，包括人民币兑换外币、外币兑换外币两种形式。2005年以来，我国打破以往单一人民币兑换外币惯例，即仅限人民币对美元、欧元、港币和日元等四种货币兑换，而开始引入八种“货币对”即期交易模式，即英镑/美元、澳元/美元、美元/日元、欧元/美元、美元/瑞士法郎、美元/港币、美元/加元、欧元/日元的即期交易，从而实现国内市场与国际外汇市场的链接。远期外汇交易起初适用于银

① 王元龙.人民币汇率形成机制的完善[J].经济理论与经济管理，2005.

行与企业零售市场结售汇业务，之后扩展到在银行间市场，不但拓展了银行的外汇业务，也有利于我国汇率形成机制的纵深改革。外汇即期与远期交易结合之后又派生出另一交易品种——掉期交易。2005 年，中国人民银行发布银发〔2005〕201 号的《通知》，允许银行对境内机构的经常项目下人民币资金办理掉期业务。2007 年，根据银发〔2007〕287 号，中国人民银行决定在银行间外汇市场开办人民币对外汇货币掉期业务，从而将掉期业务扩展到银行间外汇市场，但对掉期业务的外汇品种实行一定限制，即限定于人民币兑美元、欧元、港币、英镑、日元五个货币对。随着掉期业务的深度拓展，交易流程中可允许的货币对数量逐渐增加。截至2014年12月，银行间外汇市场货币对增至15种。自2011年起，为进一步深化外汇市场改革，为企业和银行提供更多汇率保值避险工具，国家外汇管理局决定推出人民币对外汇期权交易，我国汇率交易品种的多样化程度进一步加深。

（5）汇率形成机制——不断扩大的汇率浮动区间

为配合有管理的浮动制度，我国对人民币浮动限制逐步放松，体现在人民币汇率浮动幅度的渐进式扩展。2005 年至今，人民币兑美元的浮动区间历经了 3 次调整，调整幅度区间呈现明显扩大趋势，人民币与非美元外汇之间的浮动区间也相应扩大，并取消银行挂牌人民币兑外币的汇价限制，允许银行根据市场供求以及自身经营状况做出相应调整。放宽银行间市场人民币汇率变动幅度，以及取消银行与客户间零售市场对现汇、现钞挂牌价限制，一方面使人民币更加富有弹性，汇率价格在一定管制基础上更加充分反映市场规律，从而构建一个信息有效反馈，价格机制有效运行的外汇市场；另一方面有助于增强外汇市场主体的定价自主性，以及对自身风险的管理控制，从而有效培育市场竞争主体。必要时中央银行适度介入，扭转偏离严重的汇率波幅，通过货币政策工具对外汇市场实施干预，稳定外汇市场并实现汇率机制的持续稳健运行。

5.3 外汇管理制度

外汇管理主要表现为国家对外汇市场的政策干预，这种干预有利于维护外汇市场稳定，在改革开放背景下至关重要。能否在稳定中推进人民币汇率形成机制市场化改革，很大程度上取决于外汇管制与改革开放之间的协调均衡。回顾三十多年改革开放经验，我国外汇管理制度基本上符合改革开放宏观目标。在金融市场全球化趋势下，现行外汇管理机制设计有效规制了国际资本的双向流动，为抵御金融风险构建出一道防火屏障，同时推动我国对外开放程度迈上一个崭新阶段。经常项目下的外汇管理是这一市场化改革的核心，其演化主要体现在如下几方面。

（1）结售汇制度转型

1996 年，我国取消经常项下其余项目限制，在整体上实现经常项目可兑换，切实提升了国际间资本自由流动。然而，经常项目可兑换依旧建立在结售汇严格管制基础之上，就结售汇管理机制而言，中资企业与外资企业仍然面临差别对待。一方面，中资企业的外汇收入适用于强制性结汇限额制度，即中资企业可按国家规定保留一定比例外汇，其余部分须向外管局指定的银行售出，从而实现汇兑管制目的。另一方面，外商投资企业采用意愿结售汇制度，但其外汇买卖只能在外汇调剂中心进行。这种差别性待遇显然不利于构建公平竞争的外汇市场环境，2007 年我国最终取消账户限额管理，境内机构可根据经营需要自行保留经常项目外汇收入。2009年以来，我国对外汇强制结售相关法律法规进行清理，所有涉及强制结售汇的相关条款逐项被废止或修订，完成外汇强制结汇制向意愿结汇制的根本转变，中、外资企业在适用结售汇制度上从此享有平等待遇。

（2）行政审批程序转型

为加强经常项目外汇账户管理，我国相关管理部门将原先的核准制改为备案制。根据汇发〔2006〕19号，账户的开立、变更、关闭不再实行核准，境内机构只需凭相关文件在外汇管理机构登记即可。放开外汇账户管制一方面减轻了企业负担，另一方面也意味着计划经济残余逐渐被清理，为构建市场化汇管理制度提供了契机。资本与金融账户管理相对于经常项目账户更加严格，这是因为资本与金融风险的自身传递性使得资本与金融开放面临更大风险。因此，在资本与金融账户管理过程中，政府对于简化行政审批程序事宜尤其谨慎，资本账户管理主要体现在逐级下放行政审批权以及简化报批材料。

（3）资本管理制度转型

由于我国改革开放的历程较短，尚不具备一个健全、稳定的金融市场，加之对于资本与金融项目的谨慎监管，我国资本管理因此呈现诸多管制特征：严格控制外债结构与规模，对直接投资采取宽进严出政策，严格管控证券类投资以及金融信贷业务。其中外汇资本管制可以划分为两种方式：即市场准入与汇兑限制，重点体现在外债、直接投资、证券投资与金融信贷等三大业务领域。

在外债管理领域，根据《境内外资银行外债管理办法》以及《外债管理暂行办法》规定，政府对借债主体进行监管的同时，根据不同期限设定相应管理措施，分别委派不同管理机构执行监管。监管框架主体由三大监管机构组成，其中国家发展与改革委员会负责管理中资企业和金融机构的中长期外债，财政部负责管理主权外债，国家外汇管理局负责管理金融机构和中资企业，具体采用约控制、审批控制等管理手段。①

在直接投资领域，为鼓励外资进入中国市场，政府对于 FDI（外商直接投资）的限制较少，仅有少数行业对外商设置了市场准入门槛。与此同时，我国对 ODI（海外直接投资）严格加以限制。海外直接投资须经商务部（或其他有关部门）批准，资本清算或变更亦需报经原核审部门批准。海外直接投资的汇兑业务需就外汇资金来源、充足性和相关风险接受审核，汇寄款项必须登记注册。严格把控投资者资质，防范外汇资产的不正当使用，是严格监管海外直接投资的目的所在。

在证券投资领域，中国政府从未放松对于境外机构投资进行管理。2002 年，我国推出合格境外机构投资者（QFII）制度，对境外投资者开放国内证券市场，允许合格投资者涉足债券、股票和基金等投资领域，对境外投资机构的境内投资额度实行批准制，设定投资额度上限，并对投资资金设置汇入期限。但伴随金融市场对外开放度日益提升，合格境外机构投资者（QFII）制度在市场准入和汇兑限制上也相应做出重大调整。根据国家外汇管理局公告〔2016〕1 号规定，QFII 机构投资在审批上被划分为基础额度与超额额度，基础额度申请采用备案制，无须审批，超额额度则必须接受外管局审批。此外，投资资金汇入事宜不再附加任何期限要求。与 QFII 制度相比，QDII 制度（即合格境内机构投资者制度）在我国出现较晚，且在规制上更为严格。按照相关政策规定，合格境内机构境外投资须

① 肖凤娟 .1978 年以来我国的外汇管理体制改革与资本管制政策［J］. 中央财经大学学报，2011.

向境内商业银行申请资产托管，在投资额度上实行余额限制，且余额不得相互转让。在汇兑方面，QDII购汇及境内外汇划转须经外汇局批准。严格的QDII管控措施，曾有效防止外汇的不当使用及国有资产流失，但也对国内机构投资者走出去及提升国内企业的国际竞争力构成了无形制约。

5.4 如何看待人民币汇率波动

人民币“外升内贬”是指国内通货膨胀率上升和人民币对主要货币汇率上升同时存在的一种现象。如图5.1所示，2009年8月~2015年8月，人民币基本处于稳步升值状态。2010年5月以来，月平均汇率从6.82高点一路下滑到6.17左右，升值幅度接近10%。与此同时，国内的物价指数却持续居高不下，消费者物价指数从2009年7月1.8最低点开始反弹，2011年7月达到6.45高点。虽然受从紧货币政策影响，2011年下半年以来国内物价指数不断走低，但是基本都维持在2%以上的通胀水平。比较同期中国消费者物价指数与美国消费者物价指数可以发现，2009年8月至2016年2月期间，中国物价指数在绝大部分时间高于美国。这两组数据表明，中国国内通货膨胀压力相对较高，人民币购买力相应大幅度降低，我国货币处于对外升值和对内贬值并存的发展境况[①]。

① 顾晶晶，陶士贵．人民币外升内贬：成因与疏解［J］．政策研究，2015（2）．

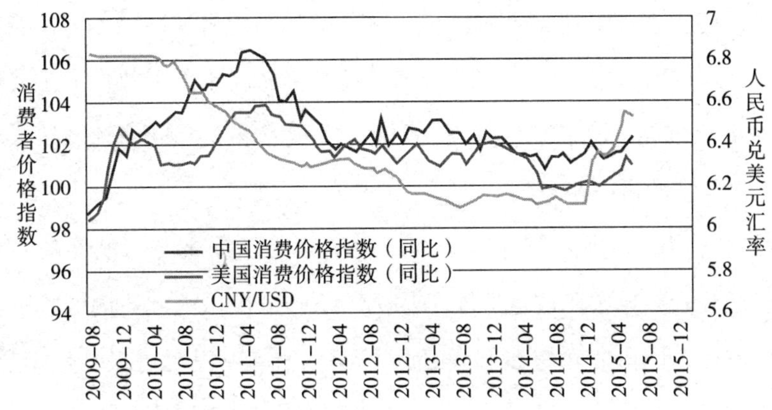

图5.1　中美消费者价格指数与人民币兑美元汇率对比图（2009~2015）

数据来源：国家统计局，国研数据库

人民币出现“外升内贬”现象有其深刻的内在根源。首先，2005 年 7 月至 2015 年 8 月的人民币持续升值主要是由于国际收支双顺差、外汇储备的不断积累以及中国经济的高速发展。国际收支顺差表明本币在国际市场上供不应求，因此形成人民币对主要国际货币升值。1994 年到 2014 年期间，中国的国际收支经常项目与资本和金融项目一直处于双顺差状态，2015 年，虽然我国国际收支出现从长期以来的基本“双顺差”转为“一顺一逆”[①]，但是经常账户顺差仍然增至2932亿美元，同比增长33%。2015年之前伴随双顺差的是我国外汇储备的不断累积。充足外储不仅有利于提高人民币的国际地位，有利于对外贸易的开展，而且增加了外币供给，进一步促进了本币升值。2014 年末，我国外汇储备余额达到 3.84 万亿元[②]。虽然近几年我国国际收支出现波动，但数据的整体趋势显示，双顺差乃人民币持续升值的根本所在，是人民币对外升值的重要原因。此外，中国经济

① 外管局新闻发言人解读去年国际收支状况 . 新华社，[2016-02-26].

② 国家外汇管理局，http://www.safe.gov.cn/.

的长期、高速增长则是支撑人民币长期升值状态的重要动因。即使当前经济业已进入“新常态”，7% 左右的增长速度仍然高于大多数世界主要经济体。2008 年金融危机以来，美国、西欧等发达国家的量化宽松政策亦从外部助推人民币的进一步升值。

而与此同时，国内较为宽松的货币政策，以及充沛外汇储备条件下的结售汇等管控导致国内通胀水平居高不下，人民币因此对内面临贬值趋势。一方面，国内货币呈现显著超发局面。中国人民银行最新数据显示，截至 2015 年 3 月末，中国广义货币 M2 余额达到 127.53 万亿元，与 1990 年的 1.53 万亿相比增长 80 余倍，M2 的最高增速为 2009 年的 29.4%，最低为2000年的12.3%[①]。另一方面，国内市场面临流动性过剩局面。由于所实行的严格结售汇制度，中国每出口 1 美元商品，国内就要按照汇率比增发相应数额人民币。2015 年，中国外汇储备余额为 3.3 万亿美元，国内由此增发的人民币超过 20 万亿元，相当于 2008 年 3.4 万亿市场货币流通量（M0）的 6 倍[②]。

综合上述两个分析视点，人民币“外升内贬”现象是我国经济结构，贸易制度，外汇制度，以及西方量化宽松政策等内外部因素综合作用的结果。

2015 年 8 月，央行完善人民币兑换美元汇率中间价报价机制，人民币兑美元汇率即期汇率贬值 2.61%，2015 年累计跌幅达 2.70%。人民币兑美元中间价当日报 6.3893，8 月贬值 4.26%，2015 年累计下跌 4.23%[③]。与此

① 中国人民银行，http：//www.pbc.gov.cn/.

② 惊呆：人民币“外升内贬”有秘密？［EB/OL］.［2016-02-12］，http：//zmt.southmoney.com/kandian/2016/02/278794.html

③ 新汇改释放贬值预期：8 月人民币即期汇率贬值 2.6%［EB/OL］.［2015-08-31］，http：//forex.hexun.com/2015-08-31/178759639.html.

同时，中国消费价格指数也出现稳步回升，即人民币“外升内贬”的趋势逐渐减弱，国际收支情况恶化、美元加息预期以及国内经济刺激举措是其背后的重要动力机制。一方面，国际收支情况恶化以及美元加息预期引发人民币贬值。当全球经济增长乏力以及国内经济增速放缓时，我国国际收支状况也随之恶化，2015 年我国国际收支从长期以来的基本“双顺差”转变为“一顺一逆”，即经常账户顺差、资本和金融账户逆差。外管局最新数据显示，截至 2015 年末，我国外汇储备余额为 3.3 万亿美元，较上年末减少 5127 亿美元。其中，因国际收支交易形成的外汇储备下降 3423 亿美元，因汇率、资产价格变动等非交易因素形成的账面价值下降 1703 亿美元[①]。同时，美国经济逐步复苏以及美联储的加息预期也是人民币贬值的重要诱发因素。另一方面，国内 CPI 上扬则是人民币的持续超发以及经济下行形势下较为宽松的货币政策所致。

当然，2015 年 8 月以来的人民币汇率波动并非意味人民币币值将全面进入下降通道。一方面，在不影响人民币国际地位前提下，人民币的适度贬值可以调动国内企业出口积极性，保持国际收支平稳健康运行，从而刺激国内经济增长；另一方面，人民币汇率的适度波动是开放进程的正常现象。随着中国经济开放度日益提高，人民币币值会受到国内经济基本面、国内外人民币供求关系及国际局势等多重因素影响，未来人民币波动幅度的适度扩大以及波动频率的适当增加，均为中国经济开放以及汇率形成机制自由化的正常体现。况且，中国经济的长期前景目前仍然被普遍看好，人民币加入 SDR 恰恰折射出国际社会对人民币国际化程度和币值稳定性的相当认可。因此，只要未来国际经济形势不发生剧烈震荡，中国经济保持

① 国家外汇管理局，http：//www.safe.gov.cn/.

适度增速，人民币币值的合理波动即是我国开放经济形势下的正常表现，也是我国近40年改革开放成果的有力佐证。

未来，人民币“外升内贬”趋势或将再次浮现。人民币贬值将对出口形成有效刺激并改善国际收支状况，而国内经济则有望在“需求侧”与“供给侧”两端发力，从而维持平稳经济增速。因此，在结售汇等外汇管理制度继续生效前提下，当国际收支顺差扩大，国际储备余额增加以及国内货币增发三者并存之时，人民币很可能再次呈现“外升内贬”趋势。然而，随着中国经济开放度以及外汇体制自由度日益提高，人民币的“外升内贬”现象势必渐行渐远。

5.5 人民币不存在持续贬值基础

目前，人民币币值波动尚处于合理区间。2015年8月，央行完善人民币兑美元汇率中间价报价机制，人民币兑美元即期汇率贬值2.61%，2015年累计跌幅达2.70%。人民币兑美元中间价8月贬值4.26%，2015年累计下跌4.23%[①]。2016年以来，人民币汇率一直在较小区间内上下波动，并有小幅升值的趋势，但并未出现持续贬值现象。从经济学角度而言，当国际收支顺差减少时，本国货币的需求减少。除此之外，2015年央行数次降息致使国内流动性进一步增加，因此人民币贬值一定程度上是对这一现象的合理反应。2015年我国经常账户顺差18272亿元人民币，资本和金融账户

① 新汇改释放贬值预期：8月人民币即期汇率贬值2.6%[EB/OL].[2015-08-31]，http://forex.hexun.com/2015-08-31/178759639.html.

逆差8258亿元人民币，储备资产减少21537亿元人民币[①]。2015年年内央行数次降准、降息后，基准利率总共下调1.5个百分点，一年期存款基准利率由3%下降至1.5%[②]，保证了较为充裕的市场流动性。

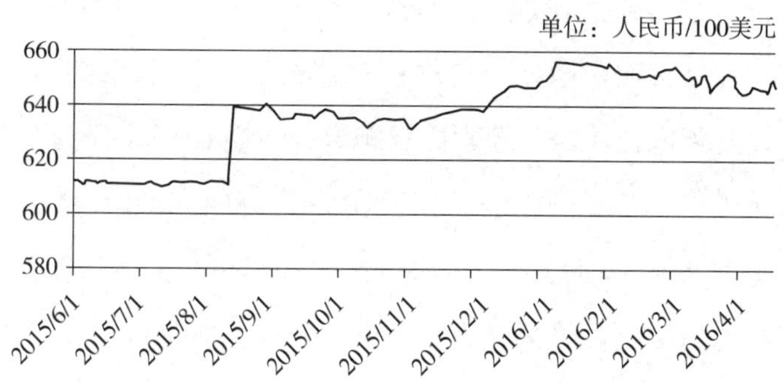

图5.2 美元兑人民币央行中间价

数据来源：中国外汇交易中心

中国长期以来一直坚持以市场供求为基础、参考一篮子货币进行调节的有管理浮动汇率制度。市场供求在人民币汇率浮动中起到基础性作用。2015年8月央行完善人民币汇率中间报价机制以来，人民币汇率的浮动还参考中国外汇交易中心（CFETS）、国际清算银行（BIS）以及特别提款权（SDR）等三个货币篮子[③]。鉴于错综复杂的国际经济、政治形势及国内经济基本面等因素，人民币币值出现合理波动属于正常现象。在中国经济进入"新常态"情况下，缓增长、调结构、重质量的经济增长模式已成为大势所趋，人民币的适度贬值亦有利于提振出口，维持中国制造在国际贸易

---

① 国家外汇管理局，http://www.safe.gov.cn/.

② 2015年央行历次降准降息一览[EB/OL].[2016-02-29]，http://news.hexun.com/2016-02-29/182483525.html.

③ 中国央行副行长易纲：人民币汇率处于均衡区间[EB/OL].[2016-04-15]，http://www.china.com.cn/cppcc/2016-04/15/content_38250646.htm.

中的重要地位。

从现实因素观察，中国有信心保持人民币币值的长期稳定。第一，外汇储备仍然相对充足。截至2015年末，中国的外汇储备余额为3.3万亿美元，央行有能力通过代理行进行外汇交易，将人民币币值稳定在合理范围。第二，经常账户顺差持续增长。2015年，中国经常账户顺差2932亿美元，较上年增长33%，经常账户顺差与当期GDP之比为2.7%，上年该比例为2.1%[①]。第三，国内经济基本面为国际收支平稳运行提供根本性支撑。中国经济基本面尚未发生实质性改变，在经济体量累积增大趋势下，经济结构的优化升级至关重要。中国目前仍然是世界第二大经济体，经济增速在世界主要经济体中位居前列，2015年全年经济增速为6.9%；根据国家统计局数据，经初步核算，2016年第一季度中国经济同比增长6.7%[②]，而2015年的全球经济增速只有3.0%[③]。从中长期来看，2015年连续大幅降息之后，2016年的降息空间相对有限，中国货币政策总体趋于稳定。第四，经济仍处于低通胀运行状态，利于币值比较稳定。从图5.3可以看出，中国CPI同比增速保持在较为稳定水平，而近期M2增长率则出现增速放缓迹象。第五，中国抵御跨境资本流动冲击的能力较强。目前，我国外汇储备依然充裕，2015年9月末，我国本外币全口径短期外债余额与外汇储备余额之比为29.1%，远低于100%的国际安全边线。

---

① 国家外汇管理局新闻发言人2015年国际收支状况答记者问[EB/OL].[2016-02-04]，http：//www.safe.gov.cn/.

② 国家统计局，http：//www.stats.gov.cn/.

③ 2015年全球经济增速为3.0%，2016年有望升至3.4%左右[EB/OL].[2016-01-21].

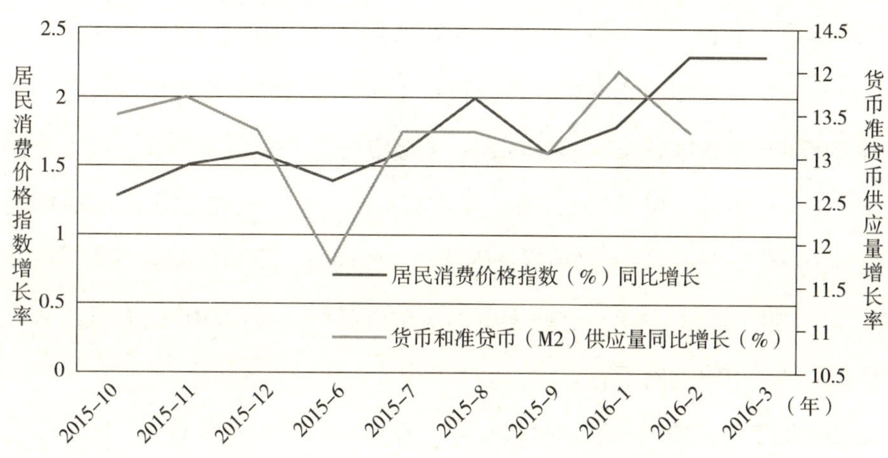

图5.3　中国居民消费价格指数与M2增长率（%）

数据来源：国家统计局

就实际操作而言，中国政府有能力保持人民币币值长期稳定。央行副行长易纲曾经表示，在世界经济不确定、不稳定因素增多情况下，中国官方会避免人民币汇率出现过度波动的情况[①]。首先，投机力量并非影响国际收支平衡的主流因素。大的投机力量主要分布在境外市场，能够跨境流动的 QDII 和 QFII 的数量都相当有限，且进出的规模与速度均受到有效管理。中国经济体量大，正常情况下，国际投机者不会把中国当作攻击目标[②]。其次，为打击国际投机套利者，央行可以通过窗口指导，要求国有行离岸机构收紧人民币供给，推升投机者人民币拆借成本，甚至限制离岸人民币清算行或参加行在岸回购融资转出。再次，央行可要求在岸机构做好资本项下人民币流出管理。此外，央行还可要求境外机构境内人民币存放缴纳存

① 中国央行副行长易纲：人民币汇率处于均衡区间［EB/OL］.［2016-04-15］，http：//www.china.com.cn/cppcc/2016-04/15/content_38250646.htm.

② 周小川：不会让投机力量主导市场情绪［EB/OL］.［2016-03-15］，http：//jr.jl.gov.cn/jljr8261010/gcsy8261047/201603/t20160315_2171315.html.

款准备金。2016 年 1 月 17 日央行下发通知，自 2016 年 1 月 25 日起，对境外金融机构在境内金融机构存款执行正常存款准备金率政策。目前，境内大型银行存款准备金率为 17%，中小型银行为 15% 左右[①]。业内人士预计，按目前境外人民币约 1.3 万亿元左右存款计算，此政策将锁定 2200 亿元至 2500 亿元的境外人民币流动性[②]。与此同时，中国还在进一步开放经济及推动汇率机制改革，这些均有助于中国灵活应对国际投机力量，从而保证人民币币值趋向稳定。

除此之外，各国在制定财政政策、货币政策时率先考虑本国国情的同时，也应考虑可能产生的"溢出效应"。中国央行目前与美联储、日本央行以及欧洲央行等机构保持着密切沟通与协调，共同维护世界经济的稳定发展[③]，中国与世界主要经济体的宏观经济政策协调客观上保证了人民币币值的长期稳定。

综上所述，在国际收支平稳健康运行及外汇储备余额充足条件下，以中国经济稳固的基本面为支撑，必要时刻辅之以政府及央行恰当及时的干预措施，人民币汇率即便再次出现波动性贬值，仍然有望保持基本稳定，持续贬值的市场基础尚未真实确立。未来人民币币值或将呈现贬中持稳、贬升交替的可控格局，人民币币值的短期波动不会对中国经济稳定运行构成深刻影响。

---

① 中国人民银行，http：//www.pbc.gov.cn/.

② 央行：境外金融机构境内存放将征收存款准备金［EB/OL］.［2016-01-19］，http：//finance.ifeng.com/a/20160119/141757800.shtml.

③ 中国央行副行长易纲：人民币汇率处于均衡区间［EB/OL］.［2016-04-15］，http：//www.china.com.cn/cppcc/2016-04/15/content_38250646.htm.

第 6 章　中国宏观经济与汇率

汇率是个货币问题，但又不仅仅是个货币问题。它几乎与经济的方方面面都有关系，进而几乎影响着每个人的经济行为。在中国经济的现实中，汇率是怎样影响经济各个方面的呢？让我们从汇率与宏观经济的五个主要方面——投资、消费、进出口、资本市场、房地产的关系，来剥开“汇率如何影响中国经济”这个像洋葱一样有着多层外表的问题。

6.1　投资与汇率

汇率主要通过汇率水平变动及汇率波动两个方面来影响对外直接投资，前者通过影响投资的交易成本以达到可能影响内部投资这一决策，后者则反映了投资的国际市场风险，即汇率风险的大小从而影响企业的投资决策。

就汇率水平变动影响途径而言，其主要通过相对生产成本机制及相对财富机制发挥作用。相对生产成本机制是指当投资国在国外的生产成本低于进口的成本时，其会扩大对外直接投资。所以，一般而言，投资国的货币升值或被投资国的货币贬值有利于跨国企业以更低的成本获取当地的资本和劳动力，从而促使投资国的对外投资流量的增加。相对财富机制则是基于企业对外投资时主要通过投资国内部财富进行融资的事实，当投资国的货币升值或被投资国货币贬值时，跨国企业的自有财富增加从而增强了对外投资的意愿及能力，而财富效应下使得投资国具有更多的自有资金进行再投资而无须依赖外部融资，融资成本的降低也会促使企业更多地进行对外投资。通过对以上理论的分析及目前大部分实证研究表明，一般而言，投资国货币相对升值或被投资国货币相对贬值会促使投资者增加对外投资；而投资国货币相对贬值或被投资国货币相对升值则会影响投资者对外投资的决策。

就汇率波动影响途径而言，其主要通过实际期权机制及风险规避机制发挥作用。实际期权机制是指由于跨国企业的对外投资成本相当于沉没成本，汇率的波动会增加对外投资收益的不确定性，从而有可能会抑制跨国企业的对外投资。风险规避机制是指跨国企业的海外投资决策在很大程度上基于预期利润，即投资回报需大于投资成本及为规避汇率波动而产生成本的两者之和，而高汇率波动情形下，一般会增大风险管理成本从而可能降低跨国企业的对外投资水平。但在实证分析中，学界对这一问题的研究结果具有较大的分歧，汇率波动对对外投资的影响机制及影响方向均有待进一步研究，这在下文中不作重点分析。

现实当中，对外直接投资问题涉及投资动机、产业特征、被投资国家（地区）自身特点等诸多方面的因素，该问题具有一定的复杂性。下文就2005年我国汇率市场化机制改革后，分别对人民币汇率变动对外商在我国的直接投资（FDI）以及我国对外直接投资（ODI）的影响加以分析。

在人民币汇率对外商直接投资影响方面，因外商直接投资的季节性波动因素，图6.1截取了2005~2016年1月外商直接投资我国的数据：

图6.1　我国实际利用外商直接投资累计金额

数据来源：国家统计局

如图 6.1 所示，外商直接投资整体处于上升趋势，尽管在 2008 年之后因为全球经济危机有所回调，但随着 2014 年全球经济的回暖，外商直接投资又回到了 2008 年的水平。外商直接投资整体属于上升水平，这主要得益于外商在中国有较高的投资回报率以及日渐开放的投资环境。当考量人民币汇率水平的变动因素时，根据以上汇率水平影响机制理论及实证分析研究，从中长期看，人民币汇率升值对 FDI 具有一定抑制作用。一方面，从 2005 年汇改以来，人民币汇率贬值累计超过 20%，仅就人民币升值这一因素就导致了外商投资我国的成本要比汇改前增加了 20%，这对外商投资是不小的压力，在一定程度上抑制了外资的流入。另一方面，外商来华投资的重要因素是我国劳动力及生产资源成本较低，因此很多跨国企业将中国作为世界工厂，在中国生产产品再销往世界各地，例如，2006 年总出口中有将近 60% 来源于外商投资企业的出口。而汇改后外商投资企业的出口占总出口的比重有所下降，一部分原因便是随着人民币的升值，外商在华投资的人力成本及资源成本相比国外生产成本有所上升，这在一定程度上抑制了外商投资的流入。

在人民币汇率变动对我国直接对外投资的影响方面，不得不先提及的是，随着中国改革开放的深化及“走出去”战略的进一步实施，中国企业对外投资的广度及深度都有所加强。截至 2014 年底，中国 1.85 万家境内投资者在国（境）外共设立对外直接投资企业 2.97 万家，分布在全球 186 个国家（地区），年末境外企业资产总额达 3.1 万亿美元，对外直接投资累计净额达 8826.4 亿美元，在全球主要国家（地区）的对外直接投资净额中排名第三，成为了世界第三大对外投资国（地区），仅次于中国香港及美国（表 6.1）。

表6.1　中国对外直接投资情况

年份	金额（亿美元）	全球位次
2002	27	26
2003	28.5	21
2004	55	20
2005	122.6	27
2006	211.6	13
2007	265.1	17
2008	559.1	12
2009	565.3	5
2010	688.1	5
2011	746.5	6
2012	878	3
2013	1078.4	3
2014	1231.2	3

注：2002~2005年数据为中国对外非金融类直接投资数据，2006~2014年为全行业对外直接投资数据。

数据来源：根据商务部、国家统计局及国家外汇管理局于2015年9月17日联合发布的《2014年度中国对外直接投统计公报》

从整体上看，中国对外直接投资问题涉及投资动机、产业特征、被投资国家（地区）的自身特点、汇率等诸多方面的因素，该问题具有一定的复杂性。企业的对外投资更多的是基于全球化市场战略的需要及决定，汇率因素只是其考虑的因素之一。若具体考量汇率与我国对外直接投资问题的关系，人民币有效实际汇率通常是以对外贸易比重为权数加权平均汇率，更能反映汇率的实际影响程度。图 6.2 总结了 1994 年以来我国对外直接投资流量与人民币有效实际汇率的关系，由图 6.2 中可以直观地看出两者具有较强的一致性，在一定程度上反映了我国企业开始利用人民币汇率的升值及贬值情况调整对外投资的步伐及节奏。随着我国"走出去"战略的进一步实施及国际开放程度的增强，我们相信人民币汇率问题会日益显得重要。

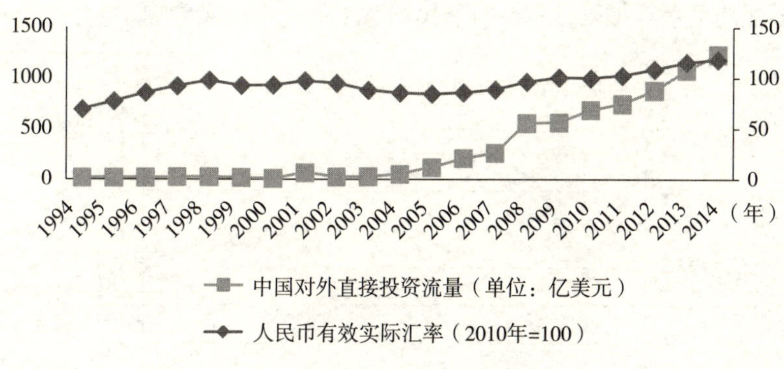

图6.2　人民币汇率与对外直接投资

数据来源：国家统计局及国际清算银行网站

6.2　消费与汇率

居民消费主要受可支配收入水平、物价水平、收入分配情况等因素的影响，一般而言，居民可支配收入越高、物价水平越低、收入分配相对平均，居民消费水平越高。汇率的波动会影响居民的可支配收入、物价和收入分配，进而会对居民消费产生影响。

一国汇率升值，抑制出口，促进进口，对本国经济有紧缩效应。一方面，这会对国民收入产生负面影响，减少居民可支配收入，进而抑制居民消费；另一方面，由于对进口商品的购买增加，对可替代的国内商品的购买需求就会相应减少，这会拉低国内商品的价格水平，进而促进居民消费。汇率大幅升值，还会加大居民收入分配的不平等。汇率升值，对于那些就业和出口比较集中的行业来说，打击较大，这些行业的工人收入水平会下降，居民收入分配的不平等加剧，就会对居民消费水平产生负面影响。

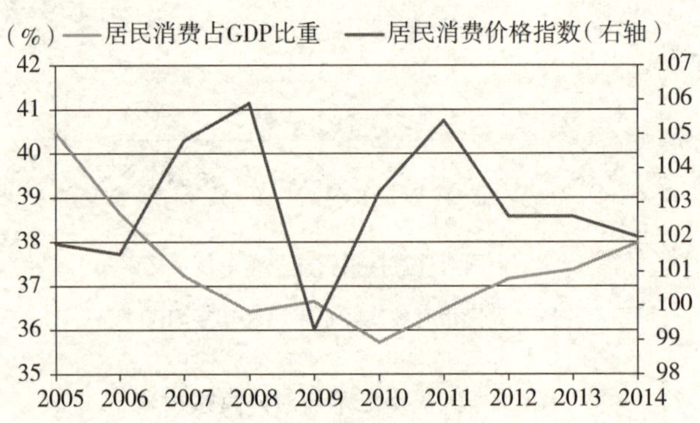

图6.3 我国居民消费情况

数据来源：国家统计局

观察我国居民消费的变动情况，如图6.3所示，2005年以来，我国居民消费水平的变动经历了三个阶段。第一个阶段是2005~2008年，居民消费价格指数大幅上升，居民消费占比大幅且快速下滑。2005年我国居民消费价格指数为103.9，居民消费占比为41.43%，2008年居民消费价格指数升至105.9，居民消费占比降至36.41%，居民消费需求不足。第二阶段是2008~2010年，居民消费指数先降后升、巨幅波动，居民消费占比先升后降、小幅波动。我国居民消费价格指数由105.9陡降至99.3，后又猛升至

105.4，居民消费占比由36.41%小幅升至36.65%，后又降至35.72%。第三阶段是2010~2014年，居民消费价格指数呈下行走势，居民消费占比稳步上行。我国居民消费价格指数由2011年105.4的高峰降至2014年的102，居民消费占比升至2014年的37.98%，我国居民消费需求明显提升。

下面结合 2005 年以来人民币汇率的波动，分析人民币汇率与我国居民消费的关系。

2005~2008年，人民币汇率大幅升值，居民消费水平下滑。这是因为人民币汇率大幅升值，对国内经济产生负面作用，减少居民可支配收入，加大了居民收入分配的不平等程度，从而抑制了居民消费。这段时期，我国出口行业中，纺织业、制造业等劳动密集型行业仍占较大比重，人民币汇率大幅升值，对这些行业打击较大，就业者的收入会明显下降，居民收入分配的不平等性加剧，抑制了国内居民消费。与此同时，我国市场化机制不完善，汇率波动对国内通胀率的价格传导机制不完备，人民币汇率升值并未能拉低国内商品价格水平，汇率升值通过拉低通胀率促进居民消费的传递渠道不畅。综合以上，伴随人民币汇率大幅升值，国内居民消费水平出现下滑。

2008~2010年，人民币汇率平稳，居民消费先升后降，出现明显波动，人民币汇率与居民消费相关性不显著。这段时间，我国居民消费主要受国际和国内经济环境的影响。2008年，次贷危机对我国的不良影响逐渐显现，我国主要出口国经济疲弱，导致出口不振，经济增长有所乏力。为应对危机，国务院推出“4万亿刺激计划”，即2008年第四季度到2010年底，国家持续向特定领域投放资金，累计4万亿元，促进消费和投资的增长，以便保持经济持续有力地增长。2009年，提高城乡居民收入政策得到落实，居民消费能力有所提升。随着刺激投资的力度加大，居民消费受到挤压，同时抬升了国内物价水平。2010年，我国居民消费能力明显下滑，居民消费价格指数大幅提升。

2010~2014年，人民币汇率弹性调整，延续升值态势，居民消费价格指数逐步下行，居民消费能力稳步提升。2010年之后的几年，世界经济逐渐复苏，中国经济增长强劲，国内居民收入有明显提升。在此背景之下，一方面，我国市场化机制日臻完善，汇率波动对国内商品价格的传导机制日渐完备；另一方面，我国出口产业结构逐步改善，劳动密集型出口商品减少，资本密集型和高新技术密集型出口商品增加。对应地，由于汇率对国内商品价格传导机制的有效性增强，人民币汇率升值对国内商品价格的拉低作用较为明显，对国内居民消费亦有明显的促进作用；由于我国出口结构的改善，人民币汇率升值加剧，收入分配不平等的效用减弱，对国内居民消费的抑制作用减弱。综合以上，伴随人民币汇率升值，国内居民消费稳步提升。

6.3 进出口与汇率

按照传统的国际收支理论，在一国进出口需求具有充分弹性的条件下，汇率变动直接影响本国贸易商品的价格，导致贸易条件的变化，进而影响本国的进出口。如果一国货币升值，在国际市场上，本国进口商品相对便宜，本国出口商品相对昂贵。在这种情况下，国内消费者和生产者会增加对进口商品的购买，国外消费者和生产者会减少对出口商品的购买，进口规模扩大，出口规模缩小，对本国经济有紧缩效应，贸易收支有所恶化。如果一国货币贬值，则情况相反，进口规模缩小，出口规模扩大，对本国经济有扩张效应，贸易收支有所改善。

不过，现实中，汇率变动对进出口影响的传递机制是复杂的，既有 J 曲线效应产生的滞后效应，也受到国际大环境、各国汇率体制、国家政策等多重因素的影响。下面分析 2005 年我国汇率市场化机制改革后，人民币汇率变动对我国进出口的影响（图 6.4 和图 6.5）。

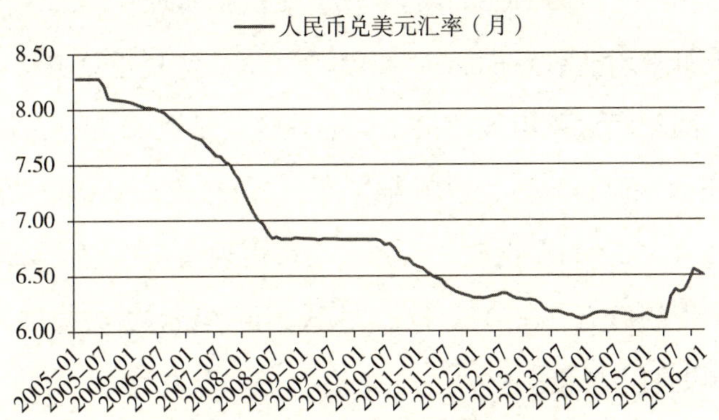

图6.4　2005年以后人民币汇率波动

数据来源：中国人民银行

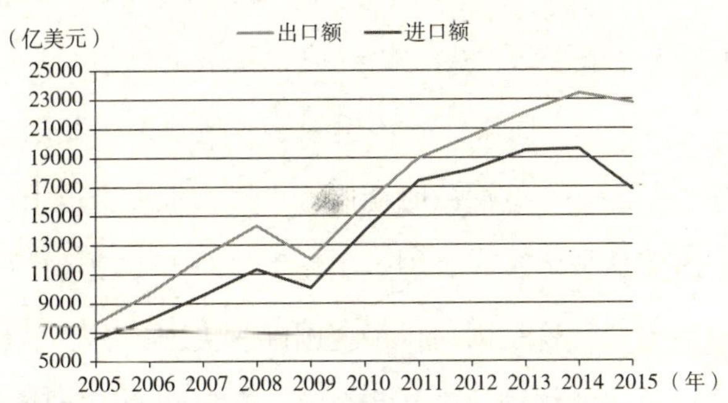

图6.5　2005年以来我国进出口情况

数据来源：海关总署

2005年7月21日，我国开始实行以市场供求为基础的、参考一篮子货币进行调节的、有管理的浮动汇率制度，人民币不再盯住单一美元，形成更有弹性的人民币汇率制度。2005年至今，人民币汇率波动经过三个阶段。第一阶段是2005年7月至2008年6月，人民币汇率处于大幅升值阶段，三年间人民币兑美元大幅单边升值，累计升值17%。第二阶段是2008年7月至2010年6月，人民币汇率处于平稳波动阶段，2008年7月，人民币兑美元月平均汇率为6.8367，2010年6月，人民币兑美元月平均汇率为6.8165，两年间人民币波动很小。第三阶段是2010年7月至今，人民币汇率处于弹性调整阶段，2010年7月至2015年7月，人民币汇率弹性升值，2015年"8·11"汇改之后，人民币出现大幅贬值，结束了人民币汇率单边升值的通道。在第三阶段，人民币汇率波动弹性增强，人民币汇率形成机制更加市场化。

对应地，观察这十余年来我国进出口贸易额的变动情况。2005年以来，除了2009年和2015年我国进出口出现下滑之外，其他年份我国进出口总额都是增长的。下面对这些年份汇率与进出口的关系分别进行分析。

2005~2008年，人民币汇率大幅升值，我国进口额、出口额双双快速增长；2010~2014年，人民币汇率依然处于升值轨道，我国进口额、出口额保持快速增长的态势。这两段时期内，人民币汇率升值没有抑制出口，出口额反而出现了快速增长，我国进出口贸易对汇率波动的反应与传统国际收支理论有所差异。这是因为，传统国际收支理论有一个重要假设，即汇率波动对出口价格的传导效应是完全的。在复杂的国际贸易现实中，这一条件难以满足，实践中，汇率对进出口贸易的作用往往是不显著的。国内市场机制的完善程度、出口企业对出口商品价格的影响、出口商品的比较优势显著、与生产有关的投入要素的变动等因素，都使得传导效应不完全。

汇率对进出口贸易的作用效果受到市场机制完善程度的制约。这两个时期，我国市场机制仍不太完善，许多企业缺乏自我激励，难以满足自主经营自负盈亏。在这种情形下，企业面对汇率波动，可能不会对自身投资、生产和出口决策做出调整。同时，政府对企业经济行为的干预依然存在，对企业的决策施加影响。在市场机制尚未完善的经济环境下，汇率波动向出口价格的传导效应受到层层削弱，进出口贸易对汇率波动反应迟缓、调整滞后期长。

出口企业对出口商品价格传递不完全。人民币升值对出口企业的成本造成冲击，企业可以选择抬高出口商品的价格从而抵消成本冲击，也可以选择自身吸收成本冲击以保全市场份额。国内不少研究表明，面对竞争分外激烈的国际经济环境，中国的出口企业更加倾向于自身承担人民币升值带来的成本压力，而不是将汇率的变化完全传递到出口价格上。出口企业的这一行为，必然会在一定程度上冲销人民币汇率升值对出口的负面影响。

我国出口商品的成本优势非常显著，即使出口商品价格抬升，我国依然保持价格优势。由于我国劳动力成本较低，劳动力素质较高，出口商品质优价廉。我国与发达国家同类商品的价格差距在两倍以上，但商品性能仅是略有差别。即使与东南亚新兴市场相比，我国出口商品也存在明显的价格优势。即使因为人民币汇率升值，出口商品价格抬升，我国出口商品在国际市场上仍然具有价格优势。此外，变动与生产有关的投入要素，也可以降低出口商品的生产成本，保持其价格竞争优势。

2009年，人民币汇率平稳，我国进出口贸易额却双双大幅下滑。根据海关总署的数据，2009年我国出口额同比下降16%，进口额同比下降

11.2%，这是时隔多年，我国贸易额首次出现跌落。这归因于波及全球的次贷危机。此次危机中，我国主要进出口经济都遭受了重创，居民和企业的购买能力和生产能力均大幅缩减，致使我国进出口贸易额出现双双大幅下滑。

2015 年，人民币汇率出现大幅快速贬值，进口额快速下滑，出口额略有下滑。8 月 11 日，人民银行决定松绑人民币汇率中间价，提出完善中间价形成机制，把确定中间价的主导权交给市场。“8 · 11”汇改之后，人民币汇率大幅快速地贬值，贬值幅度之大、速度之快是历史首次。人民币汇率大幅贬值，进口大幅下滑，合乎传统国际收支理论，这也说明，我国汇率市场化形成机制越来越完善，汇率对贸易商品价格传递机制越来越完备。与此同时，我国出口贸易没有出现进一步改善，略有小幅下滑。这是因为人民币汇率突然地剧烈波动，对市场预期产生负面影响，进而对出口产生抑制作用。

6.4 资本市场与汇率

鉴于我国资本市场处于不断发展当中，而目前国际收支领域中资本项目仍处于未完全开放阶段，在过去三十年间，汇率与资本市场的联动并未受到太大的重视。但随着人民币国际化进程一步步加快，中国资本市场逐渐成为国际重要市场已成为不争的事实，汇率问题也日益成为影响中国资本市场的重要变量。

根据蒙代尔提出的“不可能三角”理论，一国的汇率制度不可能同时实现固定汇率、资本自由流动及独立的货币政策三种状态。以美国等为代表的完全自由汇率制度牺牲了固定汇率所带来的稳定性，换来了资本自由流动及独立的货币政策；以中国香港为代表的固定汇率制度虽然具有固定汇率及资本自由流动的特点，但盯住美元的制度决定了其自身的货币政策也需根据美国的货币政策进行调整；以我国为代表的有限浮动的汇率制度则不得不在一定程度上牺牲资本的自由流动，以换取较为稳定的汇率制度及较为独立的货币政策。从现实的角度考量，为保持人民币汇率的稳定，在未加强资本管制的前提下，一方面央行可通过动用外汇储备干预交易，但这样的措施并不能长久维系；另一方面央行则不得不在一定程度上牺牲国内货币政策的独立性进行维系，通过公开市场操作增减对本币的供应量，在过去十年间中国经常项目和资本项目双顺差的情况下更是频繁操作。从这个视角上看，中国正处于“不可能三角”的中间地带，即在部分资本自由流动、部分浮动汇率及丧失部分货币政策三者之间取得一定平衡。但也由此带来一些问题，例如，因为资本项目尚未开放，企业未能将手中的美元进行直接投资，美元最终集中于政府手中，大多投资于收益率只有甚至不到 4% 收益率水平的美国国债，这相对于企业直接海外投资获取超过 10% 以上的收益是非常大的损失。

中国资本市场最重要的构成板块无疑是股票市场及债券市场，下文也主要从汇率因素对股市及债市的影响展开。

汇率对债券市场的影响主要集中在资金面，在过去较长时间内，人民币有着较强的升值预期，国际游资为寻求高收益具有较强的涌入动机，而央行为平滑人民币汇率的波动会增大基础货币的投放，由此带来了资金面的变化而使更多的资金流向债券市场，改变债市的供需状况，从而在一定程度上使得债券市场收益率下降，债券价格升高。另外，由于经常项目外汇的流入及其他因素导致的资本项目外汇的流入，人民币有了一定水平的升值，这会影响出口导向型企业出口下降及利润下降，从中长期看，会增大这些企业融资的困难程度，从而债券收益率上升及债券价格下降。以上主要是理论层面的分析，但学界目前针对汇率对中国债券市场的影响仍处于较低程度，针对两者之间联动性的实证研究仍较少且未达成较清晰的共识及结论，该问题仍值得进一步追踪及考量。

汇率对股票市场的影响方面，国际上主要通过流量导向模型及股票导向模型进行分析。流量导向模型侧重汇率的波动对公司的国际竞争力产生影响，从而影响企业的现金流及利润能力，进而影响企业的股价。不过汇率对企业的影响程度大小也要视企业进出口业务占总业务的比重、贸易依存度等因素具体而定。就我国过去三十年间的经济结构而言，出口是我国经济发展的三驾马车之一，而人民币的升值在一定程度上对企业的出口竞争力造成了冲击，但又有利于通过进口降低生产成本，因此人民币汇率的波动需要把对贸易依存度较高的企业的股价波动纳入考虑因素。另外，由于我国已在经常账户实现自由兑换，对于流量导入的分析探讨具有较强的现实意义。

由于汇率波动造成资本市场关键价格要素及资产价值的变化，股票导向模型则侧重从资本账户出发分析的思路。虽然我国目前资本项目仍处于未完全开放的阶段，但逐步开放已是大势所趋，股票导向模型的分析也具有一定意义，具体来说有以下几个传导途径：（1）货币供应途径：当人民币升值，国际游资涌入，央行为维护汇率稳定，一般会加大货币供应，客观上会在一定程度上刺激经济，从而在短期内便利企业的融资及促进其利润的增长，从而对股价进行影响，反之亦然；（2）利率途径：当人民币升值，国际投机资金进入，央行可能会通过降低利率以抑制热钱的涌入，抵消货币升值带来的收益，而通过利率的改变对股价产生影响；（3）预期途径：当人民币升值，国际投机资本的流入可能会引发国内资本的流向发生变化，对国内资金流向的预期产生一定影响，从而影响股票的价格。

根据部分实证研究及目前我国的情况分析来看，一般而言，长期内人民币汇率的变化将会明显引起估计的变化，特别是人民币长期升值在我国外贸依存度仍然较高的情况下依旧会造成一定负面影响，进出口及货币供应量传导途径较为顺畅，这也反映了我国汇改制度及资本市场管制下造成外汇市场及资本市场的内在关联机制。同时，随着资本项目的进一步开放及人民币国际化进展中势必会加强利率市场化，未来汇率通过利率及预期传导机制的作用会有所增强。

总之，外汇市场与资本市场的关联程度与资本市场开放程度呈正相关，随着我国汇改制度的进一步深化，人民币汇率的形成更加市场化及弹性化，我们有足够的理由相信，未来资本市场与人民币汇率的联动性越来越强，汇率传导机制的运行更为顺畅，人民币汇率因素可能会成为影响股票市场及债券市场重要考虑的因素之一。

6.5　房地产与汇率

研究汇率问题对我国房地产市场乃至我国经济的健康发展都具有重要的现实意义，以日本在20世纪70~90年代的经济泡沫教训为例，日本当时经济的震荡与日元升值压力及热钱的涌动下采取的错误的财政政策有着密切的关系。在日元升值压力下，国际游资大量涌入日本房地产行业，推高了日本的房价并助推了日本的经济泡沫，在一定程度上导致了后期日本经济的崩溃，也影响了日本房地产市场的长期发展。考虑到房地产行业在我国国民经济中的重要位置，以及我国资本项目逐步开放的大趋势，了解人民币汇率对房地产影响机制及有效控制人民币汇率波动对房地产市场的影响成为了一个重要议题。

房地产是一种特殊的商品，兼具投资品及消费品的特性。一方面，房地产具有住宅及商业用途的商品属性，是影响国民生活的重要方面；另一方面，房地产的保值增值特性又使其成为重要的投资品。因此，从房地产的特性出发，汇率也从多种途径对房地产市场产生影响，目前学界较为认可的几种机制为财富机制、溢出机制及预期机制。

财富机制是指由于货币升值导致出口下降，进口上升，在供给上升的情况下，国内商品价格趋向于走低，富余的资金流向于房地产市场。但从中国的实际情况来看，商品价格的走低比房价上涨的幅度相对较小，并且较难测量人民币升值对商品价格下降的影响程度，因此在我国，财富机制的传导效力较弱。

溢出机制是指货币升值下，进口成本下降，从而使得房地产相关成本降低，可能会促使房地产价格的下降。目前我国房地产费用主要包括土地费用、建筑成本、前期配置费、公共设施费等费用。同时，由于货币升值对货币供应量、利率等因素造成一定影响，央行为稳定汇率一般会倾向于增大货币供应及降低利率，由此也造成市场上溢出的更多资金会流向房地产市场从而影响房价。溢出效应具有相互抵消作用，难以测量，需要进一步考量现实的影响。

预期机制是指在预期一国本币升值下国际游资更倾向于持有更多该国的资产，而房地产是该情形下国际游资的重要目标资产项目之一，以期获得本币升值汇兑收益和房价上涨的“双价差”。预期机制是被认为目前汇率影响我国房地产市场的主要传导机制。虽然目前中国资本项目仍处于未开放状态，但国际资本仍可以通过以下多种途径直接或间接进入房地产市场：直接入股房地产企业，并直接进行房产的开发、销售及交易；购买租赁或房地产等相关资产，并作为其在华开展生产、运营投入的一部分；收购高端物业，并在合适时卖出以完成资本的退出。

从图 6.6 可知，我国房地产价格从 2005 年至今都保持着较高的增幅。商品房平均销售价格从 2005 年的 3167.7 元 / 平方米涨至 2014 年 6324 元 / 平方米，增幅达到 99.6%；办公楼商品房平局销售价格从 6922.5 元 / 平方米涨至 2014 年 11826 元 / 平方米，涨幅同样高达 70.8%。若考虑一线城市及二线省会城市需求的旺盛性，其涨幅更是上了一个台阶。

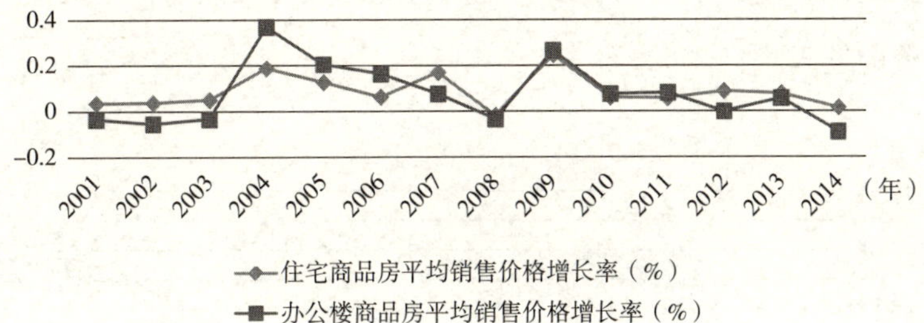

图6.6　我国商品房销售情况

数据来源：国家统计局

在此大背景下，国际资金也暗流涌动。为促使房地产市场的平稳发展，国家于 2006 年 7 月出台了《关于规范房地产市场外资准入和管理的意见》（以下简称《意见》），对外商投资房地产市场准入及外商投资企业房地产开发经营管理进行了明确的规范，例如对外商投资设立房地产企业的投资总额、投资类型及注册资金比例进行了明确规定。此《意见》并未完全阻断外资对我国的房地产市场产生重要影响，重要原因是预期机制的作用通道在发挥重要作用，在人民币及房价升值的预期下国际资金仍有旺盛的涌入动机。但限于《意见》对外资进入房地产形式上的限制，人民币升值预期在不同地区及对不同类型的房地产产生不一样的效果。

2004 年之前同期住宅商品房指数与写字楼价格指数较为趋同，但 2004 年之后同期写字楼指数开始明显走高，重要原因便是国务院在 2005 年初出台了各个房地产调控的新政，这可能是因为写字楼价格指数在受到国内资金影响的同时也更多地受到外资的影响；而房地产宏观调控下住宅指数增长速度一定程度地变缓，是因为人民币升值的因素能在一定程度抵消由于房地产宏观调控带来的房价抑制作用。同时，房地产开发企业利用外商的资金从 2004 年开始持续增长，且增长比例平均高于外资投资中进入第三产业的比例，由此也可以看出房地产行业的高增长预期在很大程度上吸引了外资的进入。

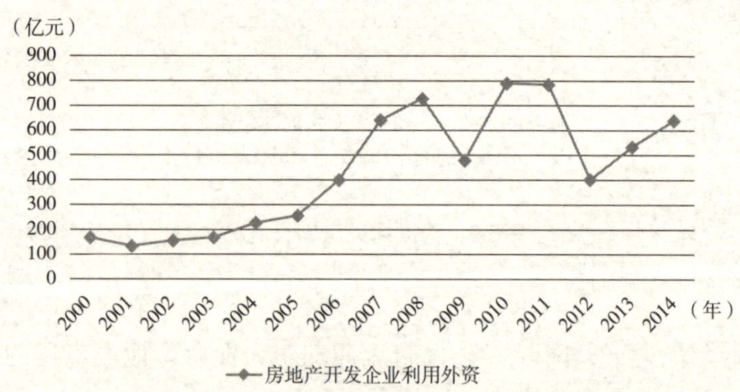

图6.7　我国房地产开发企业利用外资情况

数据来源：国家统计局

总而言之，从理论及实践的层面上讲，在开放经济下，人民币汇率的波动与房价的波动存在一定的联动关系。特别是在人民币具有几乎确定性的升值预期下，外资的流入很容易进一步推动房价上涨，而以后资本项目的逐渐开放也增加了汇率因素对房地产市场波动的风险。在人民币国际化及资本开放化的背景下，进一步完善人民币汇率的市场形成机制及加强房地产市场的风险把控及管理能力，形成良性的平衡互动关系，是下一阶段值得深思及探讨的问题。

第 7 章　中国改革大局与汇率

1993 年 11 月，中共中央十四届三中全会在《关于建立社会主义市场经济体制若干问题的决定》中提出“建立以市场为基础的有管理的浮动汇率制度”的改革方向。十几年来，中国始终坚持这个方向，不断完善有管理的浮动汇率制度。1994 年 1 月 1 日，中国开始实行以市场供求为基础的、单一的、有管理的浮动汇率制度。企业和个人按规定向银行买卖外汇，银行进入银行间外汇市场进行交易，形成市场汇率。中央银行设定一定的汇率浮动范围，并通过调控市场保持人民币汇率稳定。1997 年底以前，人民币兑美元汇率保持稳中有升，海内外对人民币的信心不断增强。1998 年初起，为防止在亚洲金融危机期间周边国家和地区货币轮番贬值的进一步扩散，中国政府承诺人民币不贬值，主动将人民币兑美元汇率基本稳定在 8.28 元左右的水平。

随着亚洲金融危机影响逐步减弱以及中国经济金融体制改革不断深化，2005 年 7 月 21 日中国再次完善人民币汇率形成机制，人民币兑美元一次性升值 2% 以后，开始实行以市场供求为基础、参考一篮子货币进行调节、有管理的浮动汇率制度。与此同时，深化外汇体制改革，理顺外汇供求关系、加快外汇市场培育，市场决定汇率形成的技术平台基本形成，人民币汇率弹性不断增加。2008 年国际金融危机恶化，许多国家货币兑美元大幅贬值，而人民币汇率再度收窄了浮动区间，稳定了市场预期，为抵御危机发挥了重要作用，为亚洲乃至全球经济的复苏做出了巨大贡献，也展示了中国促进全球经济平衡的努力。随着全球经济企稳复苏，中国经济回升向好的方面进一步发展，2010 年 6 月 19 日，中国进一步推进人民币汇率形成机制改革，增强人民币汇率弹性，重在坚持以市场供求为基础，参考一篮子货币进行调节[①]。

实践证明，坚持主动、渐进、可控的原则，实行以市场供求为基础的有管理的浮动汇率制度，符合中国国情，对增强中国对外经贸的竞争力、促进经济发展方式转变和结构优化、增加就业特别是服务业的就业、抑制通货膨胀、维护重要战略机遇期发挥了积极作用，取得了预期的效果。如果没有 1998 年和 2008 年两次大的外部冲击，人民币汇率形成机制的市场化改革有可能走得更快、更远。尽管在近 20 年里，我国通过汇率市场化来缓解对外贸易不平衡、多大内需、提升企业国际竞争力、提高对外开放水平的决心一直没变，但汇率市场化可谓一波三折。外部环境的影响固然是重要原因，1994 年汇率并轨改革遗留的问题更不容忽视。在汇率市场化的问题上，我们需要澄清认识，认准方向，大胆推进。

从汇率与利率市场化的关系来看，两者之间没有先后顺序，也不互为前提条件，都属于市场建设、放松对交易过程和行为的行政约束。需要指出的是，目前的外汇管理体制客观上对利率体系产生了扭曲效果。在人民币升值压力下，人民银行为稳定汇率，在银行间外汇市场上大量买入外汇，同时投放基础货币（被动发钞）。为控制国内通货膨胀，人民银行采取两种货币冲销手段：向商业银行发行央行票据；提高法定存款准备金要求。在人民银行资产负债表上，与外汇储备对应的是央票和存款准备金。这样，人民银行对外汇市场的干预就面临盈亏平衡问题。同时，就汇率市

① 中国人民银行金融研究所 . 人民币汇率形成机制改革进程回顾与展望［R］. 研究报告，2011.

场化和人民币可兑换的关系来看，人民币可兑换主要针对资本项下的用汇需求，对汇率形成有影响，但不是汇率市场化的根本条件。

7.1　汇率与对外开放

在日常生活中，我们很容易忽视国际贸易的重要性。发达国家向发展中国家输出大量的食品、飞机、计算机和机器。作为回报，发达国家得到大量的石油、鞋子、咖啡以及其他的商品和服务。推动国际贸易发展的经济力量究竟何在？简单地讲，就是贸易能够促进专业化，而专业化则能够提高劳动生产率。在长期内，扩大的贸易和更高的劳动生产率能使所有国家人们的生活水平都得以提高。于是各国都逐渐意识到，向全球贸易体系开放自己的市场，是经济通向繁荣的最佳途径。

我们都很熟悉国内的贸易。当我们在国内任何一个地方买东西时，很自然地会想到用人民币支付。卖东西的人也希望得到以人民币支付的账款。所以，这些贸易就很自然地可以用人民币进行。国内贸易相对比较简单。而现在，如果我销售的是美国的苹果手机，那么交易就会变得复杂起来。对于苹果公司来说，它们需要得到的货币是美元而不是人民币。于是，为进口苹果手机，我们就必须先用人民币购买美元，然后用美元付款给美国的制造商。可见，这里新增的一个环节所涉及的就是外汇问题。对外贸易涉及以另一国货币来表示的本国货币的价格，其高低最终由外汇市场决定。外汇市场是不同货币进行交易的场所。

（1）汇率与逆差的关系

据一些美国官员、学者说，中国低估了人民币汇率导致美国高额贸易的逆差。人们不禁要问，美国的外贸赤字是从什么时候开始的？在第二次世界大战之后，美国作为世界工厂，生产大量产品向全世界出口，其中包括大量劳动密集型产品。美国的贸易顺差持续了几十年。从 1982 年 6 月开始，美国出现外贸赤字，此后，一年又一年，美国的外贸赤字有增无减，不可收拾。20 世纪 80 年代初期中国进出口贸易量微乎其微，那个时候美国的贸易赤字无论如何也赖不到中国头上。美国贸易由顺差变为逆差，和中国毫无关系。美国出现贸易逆差的最根本原因并不是汇率扭曲，而是美国政府的财政赤字、美国人的储蓄率和全球化的影响。世界各国本应根据资源禀赋的比较优势，通过贸易实现产业分工。劳动力充沛、工资低的发展中国家，多生产一些劳动密集型产品，而资本充足，具有较强科研、开发能力的国家多生产一些资本密集型和高科技产品。通过贸易，互通有无，互利共赢。美国在资本密集和高科技产品上具有比较优势，原本不应该出现如此高额的贸易逆差，可是，美国政府出于政治原因，设置种种障碍，限制高科技产品出口。这就让美国处于一个非常尴尬的境地：高科技产品限制出口，普通产品又竞争不过别人，怎么会没有贸易逆差呢？

（2）汇率操纵与反倾销

按照一般理解，如果某个国家通过变动本币兑外币的汇率，从而使得货币向有利于本国的方向流动，这个国家叫作汇率操纵国。“操纵”这个词在这里意味着利用权势或其他不正当手段来达到自己的目的。给一个国家贴上货币操纵国的标签需要两个基本条件：第一，这个国家具有控制国际市场的某种特殊权势；第二，这个国家不断地通过调整汇率为自己谋取利益。汇率影响商品的相对价格。在商务谈判中，双方对等，自由贸易，没有任何一方可以强迫对方接受贸易。如果嫌对方的商品价格高，尽可讨价还价，谈不拢，就分手。买卖不在，仁义在。汇率是各国货币之间的相对价格。市场交易会调节供求关系，直到市场出现一个合理的价格。是否通过调高或调低汇率来牟利，这是确认货币操纵国的一个重要准则。退一万步说，如果中国玩弄操作汇率的手法，那么应当在对美贸易中通过不断贬值来扩大对美出口。可是，众所周知，从 2005 年以来人民币一直在升值。近年来，人民币汇率相对于美元并没有下降，操作一说从何谈起?

和“货币操纵国”概念比较接近的是“反倾销”。按照国际经贸法规，倾销的定义是：以低于本国市场的销售价格出口某一产品，并对进口国的某项工业造成严重损害，或造成严重损害的威胁，或严重阻碍某项工业的建立。进口国为了抵制国外商品倾销，而在正常关税之外另外课征的关税便称为“反倾销税”。认定是否属于倾销的关键在于对进口国损害的评估。但是，近十几年来，美国从中国进口的商品中，服装、玩具、家具、鞋帽等是主要部分。由于美国的平均工资比中国高 22 倍，直接去中国采购更合算。美国企业早就不生产这些商品了。事实上，如果在美国生产这些劳动密集型产品，生产得越多，亏损越大。中国和美国在进出口贸易上处于互补状态。中国出口的商品美国基本上不生产。倘若中国降低汇率，只会使得中国商品变得更便宜，有利于美国消费者，不会损害美国的就业机会。倾销必然是以对方的产业为目标，打击对方的产业，争取市场份额。如果对方根本就没有这些产业或者不生产这些产品，那么就谈不上什么倾销。如果中国制造的产品对美国产业并没有什么损害，那么有什么理由指责中国操纵汇率?

7.2 汇率与国际贸易

国际贸易模式背后的经济因素是什么？基于以下三种原因，各国都发现参与国际贸易是有利可图的。第一，自然资源多样性。由于生产可能性的多样化，各国之间才会发生贸易。事实上，生产条件的差异在一定程度上反映的还是各国自然资源和要素禀赋的差异。一国可能拥有石油，而另一国则有大量肥沃的土地；一个多山多水的国家可以大量用水力发电再卖给邻国，而一个拥有深水港的国家可以成为一个国际船运中心。第二，偏好不同。即使所有国家和地区的生产条件是相同的，但如果它们对商品的偏好不同，则国与国之间也还是需要进行贸易的。举例来讲，假设挪威和瑞典两国从海里捕的鱼和在陆地上生产的肉类食品在数量上差不多，但瑞典人非常喜欢吃肉类食品，而挪威人则偏爱吃鱼。那么，对双方都有利的贸易——挪威出口肉类食品到瑞典，瑞典出口鱼到挪威——就会发生，两国都将从这种贸易中获利，国民满足程度就会提高。第三，成本差异。进行贸易的最重要原因是各国在生产成本上存在差异。在不同国家之间，劳动力成本存在着巨大的差异。举例来说，2006 年中国每小时的工资为 1 美元，相当于西欧国家的 1/30。国际企业为更有效地竞争，纷纷寻找其产业链的某些环节落户到中国，利用中国的非熟练劳动力来获取利润。当一个播放器或手机上标明“中国制造”时，这很可能只意味着它是在中国组装的，而设计专利、市场营销和硬件驱动等则很有可能是在其他国家完成的。

从经济上讲，可以说没有哪个国家是完全与世隔绝的。当经济衰退或金融危机的警钟敲响的时候，其令人惊恐的声浪显然会波及全世界的各个角落。中国充分认识到促进国际收支基本平衡对中国自身和全球经济的重要性和迫切性。近年来，中国坚持扩内需、调结构、减顺差、促平衡的政策，已出台了增加消费、发展服务业、完善社保、卫生、住房、教育体系等一系列措施。中国已经实施和将要实施的各项措施，核心就是通过结构调整，扩大内需特别是消费需求，降低储蓄率，使经济增长由较多依赖投资、出口转向消费、投资、出口协调拉动。同时，推进城镇化、调整收入分配关系、加大环境保护力度、深化资源性产品价格和要素市场改革等一系列措施，也将理顺中国出口商品的生产成本，促使对外贸易更趋平衡。

中国将继续稳步推进人民币汇率形成机制改革，增强人民币汇率的灵活性，发挥汇率对调节国际收支的积极作用。但是，国际收支不平衡反映了许多结构性问题，以及现行涉外经济管理体制机制的不适应。汇率形成机制改革不能解决所有问题。人民币汇率改革之所以坚持主动性、可控性和渐进性原则，就是要因势利导、趋利避害，力求使可能发生的内外部负面影响最小化，为一揽子的结构调整和配套改革争取时间。

7.3　汇率与全球治理体制机制变革

身处世界多极化、经济全球化、社会信息化的大时代，谁能审时度势，努力抓住机遇、妥善应对挑战，谁就能在新一轮的国际竞争中立于不败之地。只有统筹国内国际两个大局，推动全球治理体制向着更加公正合理的方向发展，才能为我国发展和世界和平创造更加有利的条件。中国已经从被动的接受者、参与者转型为积极的参与者、引领者，致力于提出中国方案、发出中国声音。

（1）为全球治理体制变革注入中国正能量

当前，全球治理体制变革正处在历史转折点上。新兴市场国家和一大批发展中国家的快速发展，深刻改变了近代以来的国际力量对比，延续数百年的“丛林法则”向制度规则逐步演进，经济全球化背景下各国命运与共、利益交融，地球村内的成员从未像今天这样紧密相连、休戚相关。与此同时，需要各国携手应对的全球性挑战不断增多，加强全球治理、推进全球治理体制变革已是大势所趋。对中国而言，推动全球治理体制向着更加公正合理的方向发展，既是“内和乃求外顺，内和必致外和”的逻辑延伸，也体现了负责任大国的价值追求，更是为实现“两个一百年”奋斗目标创造良好外部环境和赢得发展主动权的关键之举。

在新的历史条件下，全球治理体制需要坚守什么、摒弃什么、提倡什么、杜绝什么，每个国家都在寻找最佳的答案。当今世界发生的各种对抗和不公，不是因为联合国宪章宗旨和原则过时了，而恰恰是由于这些宗旨和原则未能得到有效履行。作为当今国际秩序和国际体系重要的参与者和建设者，中国的理念不是推倒重来、另起炉灶，而是与时俱进、改革完善。维护以联合国宪章宗旨和原则为核心的国际秩序和国际体系，正是为了捍卫“二战”的胜利成果，为国际关系民主化提供制度保障；增加新兴市场国家和发展中国家在现有国际经济金融组织中的代表性和发言权，体现了广大发展中国家的正当诉求和共同心声；推进全球治理规则民主化、法治化，顺应了国际关系发展进步的时代潮流；建设国际经济金融领域、新兴领域、周边区域合作等方面的新机制新规则，则是新时期国家不分大小、强弱、贫富一律平等的生动展示。这一系列改革理念，既是为了推动变革全球治理体制中不公正不合理的安排，也为新形势下应对全球性挑战注入中国正能量。

加强全球治理是所有国家和人民的共同愿望，也是一条漫长的道路。全球治理体制变革离不开理念的引领，全球治理规则欲体现更加公正合理的要求离不开对人类各种优秀文明成果的吸收。“己欲立而立人，己欲达而达人”“丈夫贵兼济，岂独善一身”，中华文明兼善包容的处世之道与当今世界合作共赢的时代潮流深度契合，赋予中国理念独特的魅力，激发国际社会的强烈共鸣。如今，快速发展的中国与各国一起做大共同利益的蛋糕，“一带一路”倡议联通各国发展机遇，亚投行旨在完善现今金融体制，作为全球治理体制变革的推动者和贡献者，知行合一的中国朋友遍天下，隔山拒海不能限，更有能力践行合作共赢的中国理念，也更有信心在全球治理体制变革的路上行稳致远。

（2）金融是确保全球治理公平合理的关键

当今世界，经济现象已经渗透到人类社会的各领域，现代世界体系主要是经济体系，金融是现代经济的核心。构建利益共享、风险共担的“命运共同体”，金融大有可为。事实上，从国际货币体系、国际金融机构、国际金融协定、国际金融市场、国际金融数据和国际金融监管六个维度看，金融在全球治理中都发挥着关键作用，但目前其公平合理性受制于少数国家对金融体系的把持。因此，以共同发展为目标谋求全球治理体制升级，金融是关键突破口。“十三五”规划建议提出，“支持发展中国家平等参与全球经济治理，促进国际货币体系和国际金融监管改革”，可谓是抓住了全球治理变革的要点。

国际货币体系本身就是各国政府为维护全球金融稳定、促进世界经济共同发展而形成的一系列货币制度安排。“二战”结束后，布雷顿森林体系下的美元成为国际硬通货，美国也借此成为世界“超级大国”，并在全球治理中扮演核心角色。布雷顿森林体系瓦解后，美国继续通过牙买加协议维持美元的国际影响力，虽然不断受到来自欧元、英镑、日元、人民币的挑战，但美元在国际货币体系中的核心地位目前还没有被根本性动摇。美国借助美元特权，通过利率和汇率政策的变化，获取国际货币收益，同时向全球输出内部风险，这已成为全球金融动荡、经济危机乃至发展失衡的重要原因。

（3）国际金融机构是全球治理的重要主体

“二战”后，全球民族解放运动风起云涌，国家主权意识高涨，全球治理下明目张胆的掠夺和干涉有所收敛，治理主体也从主权国家日益转化为非主权性质的国际组织。世界银行、国际货币基金组织、国际清算银行等国际金融组织，都是全球治理的早期实践者，对于“二战”后世界经济秩序重建和全球经济恢复增长，都发挥了重要作用。但由于治理思路与政治绑定、投票权被少数国家把持等原因，在全球化多元化发展的今天，国际金融组织治理的公正性不断受到质疑。以世界银行为例，其设置初衷是“建立一个没有贫困的世界”。然而自 20 世纪 80 年代末起，世界银行开始实施华盛顿共识，对落后国家给予援助的同时，附带贸易自由化、政治改革等条件，导致落后国家要么不满足条件无法得到援助，要么因为不切实际的改革而陷入困境。

（4）国际金融协定是全球治理的核心手段

在经济全球化和区域经济一体化的驱动下，各利益主体为了共同的政治经济诉求，往往会通过贸易金融协定的形式加强合作。然而，大多数协定都是由发达国家主导发起，广大发展中国家被动参与，虽然也在某种程度上有益于全球或区域经济的稳定和发展，但从根本上而言，主要还是体现了协定主导国的意志和诉求。例如，国际货币基金协定和牙买加协议就是美元特权的重要依据，也是美国维持全球治理核心地位的重要手段。特别是美国于 2015 年推行的 TPP 协议，实质上就是基于美国利益重返亚洲的计划，对全球整体利益的助力相对有限。

（5）国际金融市场是全球治理的竞争要地

随着世界经济格局的演变，多元化、多层次国际金融市场格局逐渐形成，并在全球资源配置和利益分配中发挥了重要作用。但是进入 21 世纪后，国际金融衍生品市场快速发展，吸引了大量的国际资本参与。这不仅导致实体经济需要的资本投入供给不足，而且大量资本的快进快出也会影响市场稳定，对于全球经济波动和金融危机的爆发负有不可推卸的责任。总体而言，虚拟化程度越来越高的国际金融市场，其资源配置功能正在减弱，逐渐成为发达国家主导全球利益再分配格局的重要场所和少数国家维护其全球治理优势地位的必争要地。

中国是全球治理变革的中流砥柱，金融是全球治理的关键抓手，两大趋势深度结合，将中国金融推上了参与治理和引领变革的历史风口。一方面，中国所追求的共同发展不以利益为出发点，利益只是发展的结果。金融作为利益的重要抓手，要把自己的事情做好，并服从、服务于共同发展。另一方面，中国金融在过去三十年的发展历程中，已经充分证明，自身具有服务于国内各区域、各部门、各民族共同发展的能力和信念①。

---

① 黄薇 . 汇率制度与国际货币体系［M］. 北京：社会科学文献出版社，2014.

管 理 篇

第 8 章　宏观认识：从中国崛起高度认识汇率问题

从“汇率关系到中国经济在世界上的估值”高度，形成开放、动态环境中要做强人民币的金融世界观。以此为基础建立“站在世界地图前”的中国金融发展战略。形成中国特色社会主义的现代化金融治理体系，把长短期、国内外的人民币走势联系到中国崛起的大格局中去看待。

8.1 从估值认识到世界观

中国不仅是四大文明古国之一，也曾是世界上最大的经济体。从 20 世界后期起，特别是进入 21 世纪以来，中国经济在改革开放中迅速崛起，重要标志为 GDP 连续多年高速增长，世界排名不断提升。

根据不同的几种国际平价计算，2010 年中国 GDP 毫无悬念地超过日本，跃居世界第二，仅次于美国，成为世界 GDP 第二大国，使日本正式告别了雄居 43 年之久的世界经济第二的宝座。

2014 年中国国内生产总值为 635910.0 亿元人民币，按汇率折算越过 10 万亿美元大关，达到 10.4 万亿美元，在世界仍居第二位。而根据国际货币基金组织按购买力平价法（（Purchasing Power Parity，PPP）的测算，2014 年中国国内生产总值为 17.6 万亿美元，超过美国的 17.4 万亿美元，成为世界第一大经济体。

按汇率法折算中国的经济总量仅相当于美国的 60% 左右，而按购买力平价法折算却已经超过美国，两种折算结果迥然不同。国内从官方到百姓大多接受按汇率法折算的中国经济总量，并不认同按购买力平价法折算的经济总量，固然是由于购买力平价法确有局限，按这种方法折算，中国经济总量存在一定高估，也是因为汇率是一种货币兑换另一种货币的实际比率，是各国货币在国际经济交往和贸易中的真实折算价格。

在汇率法比较不同国家 GDP 总量时，一般用该国本币表示的 GDP 总量乘以该国单位本币可兑换的常用国际货币，例如美元、欧元等，或特定计价单位，如国际货币基金组织的特别提款权，即汇率。

研究表明，一个国家经济总量在世界总量中的比例大幅度变化往往是其兴衰强弱的重要表现。英国学者安格斯·麦迪森研究了 1700 年至 2015 年中国 GDP 的变化趋势，并与美国和世界总量进行了比较：1700 年中国 GDP 占世界总量的 22.3%，美国占 0.13%；1820 年中国占 32.9%，美国占 1.87%；1949 年中国占 4.5%，美国占 27.34%；2015 年中国占 19.78%，美国将占 19.72%。即根据他的预测，2015 年中国经济总量将超过美国。

可以看出，中国崛起的一个重要体现，就是中国的经济总量，也就是GDP超过美国。根据《中国统计年鉴2015》，1979年到2014年，中国年均GDP增速为9.7%，初步核算，2015年中国国内生产总值为676708亿元人民币，比上年增长6.9%。《中国国民经济和社会发展第十三个五年规划纲要》中的“十三五”时期经济社会发展主要经济发展指标提出，2020年GDP超过92.7万亿元人民币，2016~2020年GDP年均增速大于6.5%。

而 2015 年美国 GDP 大约为 17.84 万亿美元，同比增速为 2.5%。根据世界银行的计算，2016 年美国 GDP 增长率将会上升到 2.7%。它把对中国的经济前景下调至 6.7%，这是自 1990 年以来的首次最低。即使这样，2016 年中国 GDP 的增速是美国的 2 倍多。可以预见，本币表示的 GDP 将以美国 GDP 增速 2 倍多的增速增长，中国经济总量超过美国，可以说是指日可待。

唯一的不确定因素则是为了做经济总量的国际比较所采用的比较货币（通常为美元）和人民币之间的汇率。

按目前汇率折算中国经济总量存在一定的低估。一般来说，如果两国开放水平和货币国际化程度相同，按汇率法折算国内生产总值是充分可行的，不会有太大的偏差。但目前中国和美国的经济开放水平还有一定差距，同美元相比，人民币的国际化程度低，这就决定了按汇率法折算中国经济总量存在较大局限。第一，汇率作为外汇价格直接受外汇供求关系的影响，由于人民币国际化程度相对偏低，中国的进出口一般按美元结算，人民币购买力未能在国际上得到准确评价，实际上存在低估；第二，中国自改革开放以来形成了占整个经济很大比重的外向型经济，产品高度依赖出口，长期实行鼓励出口创汇政策，在一定程度上限制了人民币兑美元的汇率上升；第三，人民币兑各国货币的汇率尚未完全放开，资本项目还不可自由兑换，这在投资上抑制了人民币的升值。总体判断，人民币的购买力弱于美元，但不存在目前汇率那样大的差距。

无疑，人民币的升值是市场调节的最终结果，政府的干预是不会起到多大作用的，这就要求我国的对外贸易随着市场的调节不断调整自己的步伐。一些劳动密集型产业将会遇到发展的瓶颈。在高科技迅速发展的今天，知识产权和专利技术将会成为一个企业强有力的竞争资本。很显然，中国目前最迫切的任务是加强技术创新与知识产权方面的保护，而这方面的加强也正在预示着一个大国的悄然崛起。

此外，中国的GDP也有被官方统计方法低估的可能。例如日本一桥大学伍晓鹰教授十几年前就指出，由于中国GDP核算的覆盖程度不足，GDP可能至少被低估了10%。确实，中国服务业的增加值长期被低估，以至于在2004年第一次全国经济普查以后国家统计局将该年的GDP调高了16.8%，多出来的部分90%以上是因为调高了第三产业的增加值。即使如此，随着现代服务业的发展，中国第三产业的增加值仍然存在低估的可能性。摩根士坦利亚洲研究部2009年的一份报告（作者是王庆和章俊）就指出，由于官方数据低估了实际的住房消费和个人医疗支出，因此官方的服务业数据是过低的。中欧国际工商学院经济学朱天教授和复旦大学张军教授的研究也表明，居民自有住房的虚拟租金作为GDP的一部分在中国官方统计里被大大低估了，被低估的价值有可能占到官方GDP的4%~5%。

近年来，中国主要工农业产品产量大都处于世界第一位，铁路、公路客货运输量和多数服务量也不同幅度超过美国。虽然实物产量没有单一总量指标，甚至在一些产品的国际增加值分割中处于不利地位，但中国绝大部分物质产品和服务产出已经超过美国，由此至少可以判断，中美两国经济总量的差距远远小于按汇率法折算结果之差。

目前来看，中国经常项目顺差仍较高，通胀处于较低水平，经济保持中高速增长，国际竞争力仍很强，经济基本面很稳健，人民币汇率也得到基本面因素的支撑。

此外，中国这些年崛起的一个重要表现和结果是经济增长动力的优化和提升，也对强势人民币提出了要求。以前中国经济增长的一个重要动力是产品和服务出口，为了促进出口、提高我国的出口竞争力，国家曾在不同行业出台了力度不一的出口补贴政策，而在汇率方面则适当地压低人民币汇率。随着我国经济实力的提高，经济结构的优化，内需特别是消费成为经济增长的第一驱动力。2015 年，我国消费对社会经济增长的贡献率达到 66.4%，比 2014 年提高了 15.4 个百分点；2016 年第一季度，消费对经济增长的贡献率达到 84.7%，比 2015 年同期提高 22 个百分点。而随着我国消费能力和需求的提升，居民部分消费转向境外。2015 年我国境外消费达 1.5 万亿元人民币，中国游客继续保持世界主要旅游消费群体称号，被称作“行走的红包”。在境外消费过程中，人民币汇率就成为中国居民手中的人民币财富与境外产品和服务进行转换的、非常重要的中介因素。维持强势人民币，推行较为坚挺的人民币汇率，实际上将助力我国居民获得更多、更好的境外产品和服务。

可以说，人民币汇率不是简单地表征人民币与另一个国家货币的兑换比率，而是不仅反映了中国蓬勃的经济发展基本面，还关系着中国经济总量在国际层面的估值和人民币在境外的购买力。人民币汇率的稳健提升，意味着中国崛起过程中经济实力的稳步增长，和居民财富的有效增值。

8.2　中国金融发展战略与金融强国

2015 年，面对经济下行压力加大、金融市场波动加剧的复杂局面，中国进一步完善了人民币兑美元汇率中间价报价机制，改革力度超过预期。目前汇率中间价形成机制更加市场化，人民币汇率双向波动特征明显增强。在经历第一季度的小幅走贬后，第二季度人民币汇率走势比较稳定。8 月 11 日，新一轮汇率市场化改革启动以来，受美联储加息预期走强、前汇率贬值累积等因素影响，人民币经历了较大幅度的贬值。此后，随着市场恐慌情绪逐步修复，人民币汇率趋于稳定。但是，受经济下行、产能过剩、企业贷款需求低迷等因素影响，金融风险有所上升，尤其是股市经历大涨大跌，汇率波动加大。

由于金融是现代经济发展的强劲推进器，金融强国是经济强国的必要条件，中国要成为世界经济强国，必须发展成为金融强国。在金融发展水平上，中国金融发展水平目前与发达国家相比还存在较大的差距。广东国际战略研究院根据世界经济论坛（WEF）公布的2012年世界62个主要国家的年度金融发展报告，选取G7和金砖五国做的一份金融发展研究。报告表明，尽管领先于金砖四国，但中国和主要发达国家尚存在较大差距，特别是美国。综合来看，中国在62个国家中排第23位，而美国排第2位。中国金融"硬实力"平面扩张迅速，但金融"软实力"提高得相对缓慢，导致了中国现阶段金融实力和发达国家仍有较大的差距。

中国金融发展战略中人民币汇率的改革发展占有重要地位。一方面，人民币汇率表示人民币与外币的兑换比率。这个比率越高，说明人民币的含金量越高，经济实力越强，经济发展前景越好。另一方面，与人民币汇率紧密相关的石油、黄金等大宗商品交易，与中国的全球主导权紧密联系。人民币汇率强，中国在这些商品的全球主导权、定价权就更强。

因此，要着力深化外汇领域的关键改革，继续完善人民币汇率市场化形成机制。按照主动性、可控性、渐进性原则，充分发挥市场在金融资源配置中的基础性作用，加大市场决定汇率的力度，完善以市场供求为基础、参考一篮子货币进行调节、有管理的浮动汇率制度，增强人民币汇率双向浮动弹性，保持人民币汇率在合理均衡水平上的基本稳定。进一步研究建立人民币对新兴市场货币的双边直接汇率形成机制，积极推动人民币对新兴市场经济体和周边国家货币汇率在银行间外汇市场挂牌。

发挥汇率和外汇管理等金融政策在促进国际收支平衡中的重要作用，着力促进国际收支趋向基本平衡。逐步改变贸易不平衡状况。完善资本流出入均衡管理，便利企业和个人境外投资。

转变外汇管理和使用方式，从正面清单转变为负面清单。放宽境外投资汇兑限制，放宽企业和个人外汇管理要求，放宽跨国公司资金境外运作限制。允许更多符合条件的境外机构在境内市场融资。加强国际收支尤其是跨境资本流动的监测、分析和预警，加强审慎管理和反洗钱、反恐怖融资审查，保持国际收支基本平衡。

稳步推进外汇市场建设，丰富外汇市场产品，完善外汇市场交易机制，支持中小金融机构参与外汇市场，继续推进外汇市场对外开放。

推动发展外汇期货期权等金融衍生品市场。继续加强金融期货市场建设，在确保汇率较为稳定、股指期货平稳运行的基础上，协调推进外汇市场发展，丰富汇率风险管理工具，适时发展外汇期货期权产品等金融衍生品。

推动黄金市场稳步规范发展，继上海黄金交易所发布以人民币计价黄金、黄金定盘价、正式启动“上海金”，进一步改进黄金市场服务体系，完善黄金市场仓储、运输、交割和黄金账户服务体系，推动中国朝着成为金价制定国方向继续迈进。中国黄金市场的国际化有助于中国因素更加有效地融入国际价格，从而为全球黄金市场参与者提供更加透明的价格信号。让“上海金”真正发挥推动人民币走上世界强势货币的作用，为国内银行业、黄金生产企业及普通投资者带来真正投资机会，还得加大产业经济结构调整步伐，夯实基本经济面，稳定外汇储备，确保人民币汇率基本稳定。

适时推出人民币计价原油期货。石油－美元机制存有弊端，国际社会多次对石油－美元贸易体系提出质疑。目前中国是世界上最大的石油消费国，但对石油价格没有话语权，而国际石油价格对我国经济的影响非常大。必须建立以人民币计价的原油期货，自行决定价格，决定自己的命运。人民币国际化已取得重要成果，为推出人民币原油期货创造了必要的市场条件。推出人民币计价的原油期货，将进一步加快形成人民币与石油直接计价机制，从而为人民币的国际储备功能的实现提供实际支撑。另外，利用已逐步成熟的人民币离岸中心，可助推人民币计价原油期货、人民币结算石油贸易的加快进行。

逐步实现人民币资本项目可兑换。依照“突出重点、整体推进、顺应市场、减少扭曲、积极探索、留有余地”的总体原则，进一步放宽跨境资本流动限制，健全资本流出流入均衡管理体制，完善对外债权债务管理，稳妥有序地推进人民币资本项目可兑换。以直接投资便利化为出发点，实现直接投资基本可兑换；以开放国内资本市场和扩大对外证券投资为重点，进一步提高证券投资可兑换程度；以便利跨境融资为重点，加快改革信贷业务外汇管理，深化外债管理体制改革，规范对外债权管理和监测；以扩大个人用汇自主权为着力点，进一步放开个人其他资本项目跨境交易。

进一步改进外汇储备经营管理，多元化运用外汇储备。积极探索和拓展外汇储备多层次使用渠道和方式，完善外汇储备经营管理体制机制。进一步深入研究和评估外汇储备经营的风险承受力，加大对各类投资领域、产品和工具的研究，坚持长期战略性的投资理念，坚持科学有效的投资基准模式，在审慎评估的基础上稳步推进多元化投资，优化货币资产配置，提高投资收益，实现外汇储备安全、流动和保值增值的目标。创新外汇储备运用方式，更好地支持配合国家发展战略，服务国家可持续发展目标。

整体来看，中国经济增长速度在国际上仍名列前茅，对世界经济增长贡献率接近 30%，对国际资金的长期吸引力依然存在。而在其金融体系内部，汇率与其他金融体系成并联关系，继续完善人民币汇率形成机制，让市场在人民币利率形成和变动中发挥决定性作用，进一步增加人民币汇率弹性，开放外汇市场，不断推进人民币国际化，将会使市场更加看好人民币的未来走势。

8.3　中国特色人民币治理体系

以中央银行的货币发行和调控垄断权为基础的所谓的现代银行体系在全球范围内的表现颇受争议，各国（央行）以多种形式超发货币，上演了一幕幕“量化宽松”的节目，而美元以其在国际货币体系的垄断地位也让美联储在世界范围内扮演了世界央行在这方面的类似角色。在互联网时代，去中介化使全球实体经济信息不对称和交易成本大大降低，对传统银行体系的需求降低，而伴随互联网经济产生的互联网金融可能会使中央银行垄断发行货币权形成一定竞争，并可能在全球范围内对美联储垄断国际货币形成一种挑战。

随着中国崛起，人民币必须走国际化之路，成为真正的可持续的国际性货币，必须直面国际金融体系治理问题，提升国际金融话语权和参与全球金融治理的能力，建立、发展和巩固中国特色人民币治理体系。而这些必须依靠优越的制度、有效的规则、完善的金融市场体系、高效的清算等基础设施的建设和中国综合国力的提升来巩固这一治理体系。

推进人民币国际化和中国外汇储备的保值增值问题是考验中国参与全球经济治理能力、建立中国特色人民币治理体系的重要显示性指标。基于人民币国际化进程的长期性和艰巨性，要从人民币国际化、人民币区域化和人民币周边化战略的分布推进，从人民币结算货币、投资货币、储备货币三个阶段的价值取向来设计推进人民币国际化的演化路径。中国的外汇储备较为庞大，因此带来巨大的保值增值成本和压力，也容易引起国际社会的关注。调整形成适度的外汇储备有助于保持汇率的稳定，保证正常的进口和外债支出，抵御外部风险。全球金融危机后美元一度持续贬值，中国以美元为主的外汇储备严重缩水，中国巨额外汇储备的保值增值问题必须得到有效治理。需要构建中国特色的人民币治理体系，进一步改进外汇储备经营管理，多元化运用外汇储备，在确保市场平均收益率的情况下，重点用于确保国内国际资本市场、汇率政策的稳定和维护国内经济健康稳定发展，使得外汇储备资源能够得到优化配置和有效利用。

2015 年 11 月 30 日，国际货币基金组织（IMF）执董会决定将人民币纳入 SDR 货币篮子，SDR 货币篮子相应扩大至美元、欧元、人民币、日元、英镑五种货币，人民币在 SDR 货币篮子中的权重为 10.92%，新的 SDR 货币篮子将于 2016 年 10 月 1 日生效。人民币成为继美元、欧元、日元和英镑后，SDR 货币篮子中的新成员，也是第一个新兴市场国家货币加入 SDR 货币篮子。人民币加入 SDR 货币篮子，是自 1980 年以来 IMF 首次调整 SDR 货币篮子，对优化 SDR 货币篮子、缓解全球国际货币体系过于依赖美元的弊端、维护全球金融稳定、改善国际金融治理意义重大，影响深远。

人民币加入 SDR 货币篮子，对我国加快推动金融改革和对外开放、建立中国特色人民币治理体系、维护全球金融稳定具有十分重要的战略意义。对外方面，有助于加强海外持有人民币的信心，提升人民币国际影响力和我国的金融话语权，并进一步加速人民币成为国际储备货币的进程。对内方面，则有望继续推动资本项目可兑换，完善人民币汇率形成机制，加快金融与相关配套改革进程，配合“一带一路”帮助中国企业走出去和推动转型升级，促进人民币双向应用。

人民币加入 SDR 货币篮子，将扩大人民币的使用范围和领域，降低企业走出去的汇率波动风险。将推动国内服务业的开放，资本账户开放、债券双向开放、A 股放开、银行体系放开等将提速。我国金融业将面临对外开放竞争，有助于提高现代公司治理效率。资本账户开放和汇率市场化，将使得资本流动更加自由，需提高开放条件下的金融监管水平。深度融入全球化，将增加国内市场主体的国际规则意识，有助于增强金融市场的深度和广度，夯实金融基础设施，开放发展多层次资本市场，更好地服务了我国经济结构调整和转型升级。

中国特色人民币治理体系的一个重要基石是我国基本的汇率制度最终将稳步实现人民币汇率清洁浮动。在未来较长一段时期内，我国的对外贸易还将保持较大的顺差，外国对华直接投资和我国对外直接投资持续增长，外汇储备非常充裕，这些因素都决定了人民币没有持续贬值的基础。人民币汇率在合理均衡水平上的基本稳定，是增加汇率双向弹性，渐进、稳健地实现汇率清洁浮动的前提。人民币加入 SDR 货币篮子后，我国现行的以市场供求为基础，参考一篮子货币，有管理的浮动汇率制度不会改变。在这个基本汇率制度不变的情况下，市场化的改革和机制完善的过程将不断向前推进，市场在汇率形成过程中的作用进一步增强，最终的目标是要稳步实现人民币汇率的清洁浮动。

中国特色人民币治理体系的建设需要加快开放金融市场，不断推动我国金融部门的深化。一是完善外汇市场运行机制，加快推动外汇市场对外开放，延长外汇交易时间，促进形成境内外一致的人民币汇率。二是加快人民币境外离岸市场的建设，在现有的中国香港、新加坡、伦敦离岸金融中心市场的基础上进一步扩容，提供更多人民币投资工具，扩大人民币离岸市场和在岸市场的互联互通，推动人民币在国际上的使用。必须要根据我国金融市场对外开放的程度、市场的影响因素的复杂度，和市场波动性，采取相关措施，有效地控制风险，保持金融市场的基本稳定。

中国特色人民币治理体系的建设还需要有序实现人民币资本项目可兑换。推进"一带一路"建设，加强同国际金融机构合作，参与亚洲基础设施投资银行（亚投行）、金砖国家新开发银行建设，发挥丝路基金作用，吸引国际资金共建开放多元共赢的金融合作平台。推动建立多元化的全球融资框架，实现我国金融资产全球布局。

中国特色人民币治理体系的建设还需要推动人民币成为可兑换、可自由使用货币。特别是人民币加入 SDR 货币篮子，有助于树立对人民币的信心。进一步加强双边和多边货币金融合作，以服务"贸易投资和产业链升级"为重点，从巩固人民币计价结算货币地位，向支持人民币的市场交易和估计储备功能推进。扩大人民币在周边国家和新兴市场区域化使用的便利性，逐步向国际金融中心和发达国家延伸。推动人民币兑其他货币的直接交易市场发展，更好地为跨境人民币结算业务发展服务。"十三五"期末，预期人民币跨境收支占我国全部本外币跨境收支的比例超过 1/3，人民币成为一种国际性货币。

中国特色人民币治理体系的建设还需要积极参与全球治理，以更加包容的姿态参与全球经济金融治理体系。顺应经济全球化潮流，加强宏观经济政策国际协调，促进全球经济平衡、金融安全和经济稳定增长。支持发展中国家平等参与国际经济金融治理，促进国际货币体系和国际金融监管改革，推动国际经济金融秩序向着平等公正、合作共赢的方向调整。积极参与全球经济金融治理和公共产品供给，充分发挥亚投行在全球金融治理中的作用，提高我国在全球经济金融治理中的制度性话语权和国际性影响力。

2016 年初正式挂牌成立的亚洲基础设施投资银行（亚投行），是国际金融发展史上的一件大事。中国所主导的亚投行虽然有多个西方国家参与，作为一个由多个国家参与的多边开发银行，将专注于亚洲地区的基础设施投资，将对全球金融治理制度改革和区域金融合作起到重大推动作用，有效地补充现有金融机构作用发挥之不足。亚投行作为中国特色的人民币治理体系，对全球金融治理的贡献，更多地体现在对国际金融体系注入更多资金、弥补基础设施领域投资的缺口上。面对巨大的资金缺口和基础设施发展瓶颈，亚投行将推动东亚金融一体化进程、成为构建亚洲内部储蓄–投资转化机制的重要平台。这将有助于促进全球经济再平衡，进而维持全球金融体系稳定。

第 9 章　制度完善：通过金融改革做强人民币

要想使人们对汇率变化“心里有底”，这个“底”本质上是国内改革发展。资本市场体系健全、发达，汇率变化才能成为“茶杯里的波浪”。在中国的具体条件下，健全多层次资本市场体系，才能做强人民币。在整个国际货币体系的治理结构里面，如果中国能够取得更大的话语权，实际上也有利于未来人民币在全球的使用或者在全球范围内引导它的预期。

此外，一国汇率的波动与该国货币的跨境流动紧密相关，即流动产生了需求，而需求的增加或减少直接影响该国货币的强弱。同时，一国货币跨境流动的程度又取决于该国货物、服务、金融产品等在国际市场上的吸引力。举例来讲，如果一国生产的货物质量高、价格低，那必定在国际市场上受到热捧，而因此导致出口的增加在金融、外汇市场上则体现为对该国货币需求的增加。自 2000 年以来，我国人民币的持续升值，与同期我国出口能力的大幅度提升高度吻合，这也印证了出口增加、货币需求增加、币值走强的正向关系。

9.1　经济与金融改革：做强人民币的基石

（1）推进结构性供给侧改革

自从 1979 年开始实行改革开放政策以来，我国经济增长迅猛。例如，

1979 年我国 GDP 仅为 4068 亿元人民币，而 2015 年我国 GDP 高达 67.7 万亿元人民币。不仅继续保持自 2010 年以来的全球第二大经济体地位，并且与世界头号强国美国的差距逐渐缩小。在这期间，我国汇率制度也经历了几次较大规模的调整，而这种调整也与我国经济改革的进程基本同步并相互呼应。

1979~1993年，随着国门的逐渐打开，我国对外贸易快速增长，为了适应这种变化，并同时考虑当时计划经济下的国内价格管控，我国建立起了双重汇率制度，即官方汇率和内部结算汇率。尽管存在各种弊端，双重汇率制度对我国经济特别是贸易增长发挥了重要作用。但是，随着我国经济改革的进一步深入，之前的汇率制度已经不能适应新的形势。鉴于此，我国政府在1994年决定实行汇率并轨，即变为人民币盯住美元的单一汇率制度。同时，由之前的固定汇率制度调整为有管理的浮动汇率制度。并轨的核心原因是基于国内经济改革进程的加快，国内外价格的逐步统一，使得之前的双轨制越来越不适宜。

2005 年 7 月，中国人民银行宣布废除盯住美元的单一汇率政策，转为基于市场供求关系、参考一篮子货币，并有管理的浮动汇率制度。时至今日，我国汇率制度在不断的调整、演变、改革中，包括 2015 年 8 月 11 日的“8 · 11”汇改，但核心内容并没有根本性的变化。目前的汇率制度对我国的经济增长，特别是贸易出口的迅猛增长发挥了重要推动作用。

我国已经连续多年雄踞全球第一贸易大国，第二大经济体。但是，经过将近 40 年的快速增长，我国经济已经进入一个新的发展阶段，即从高速增长转为中低速增长、从要素驱动、投资驱动转为创新驱动的“新常态”。众所周知，长期以来我国经济增长模式较为粗放，主要依靠土地、劳动力、资金等生产要素的大量投入来实现经济的快速增长。但是随着我国土地等自然资源的日益枯竭、“人口红利”的逐渐消退，经济增长遇到了某种瓶颈。

与此同时，我国传统的宏观调控手段，特别是财政政策和货币政策在推动经济活动扩张方面的边际效益逐渐降低。在这种背景下，大力开展结构性供给侧改革是必然之路，即通过改革推进经济、产业结构调整，矫正要素配置扭曲，提升有效需求，扩大有效供给，从而提高供给结构对需求变化的适应性和灵活性，以及提高全要素生产率。“十三五”规划将我国未来5年的经济增长设定为6.5%~7%，绝不是因为我国经济不行了，而是为今后的供给侧改革争取更多的时间和空间。作为我国未来改革的主线，供给侧结构性改革必将推动我国经济向更高层次发展，并使我国经济发展更加平衡和可持续，同时也为人民币以及汇率市场的稳定提供坚实支撑。

（2）建立更加完善的金融体系和监管框架

经过 30 多年的发展，我国已经逐步建立起以中国人民银行为核心，国有商业银行和政策性银行为主体，多种形式金融机构并存的多层次、广覆盖的金融机构体系。截至 2015 年底，银行总资产高达 150.94 万亿元人民币，占全国金融总资产的 77.7%。这一方面凸显了银行在我国金融体系中的核心地位，但同时也显示出其非银行金融机构，即证券、保险、基金等尽管在过去 20 多年发展迅速，但仍然未能打破银行的垄断地位，从而不利于多种金融机构的协调、平衡发展。此外，随着国内金融改革的深入，民间资本也纷纷通过新建、兼并、参股、入股等多种形式涉足金融市场，并已经在市场上占据一席之地。另外，互联网金融近期发展迅速，彰显了新技术、新业态对金融机构的影响。但同时，由于监管不到位等原因导致的互联网金融欺诈等违法、违规行为应引起高度重视，并坚决打击。

金融市场体系的健全与否是整个金融改革的重要组成部分。按交易标的物来划分，金融市场又可分为货币市场、资本市场、金融衍生品市场、外汇市场、保险市场和黄金及其他投资品市场。总体来讲，从20世纪90年代开始，我国开始逐步建立各类金融市场，并且取得了骄人的成绩。例如，2016年4月19日“上海金”的腾空出世是我国在健全国内金融市场，并提升我国在国际黄金价格定价权上的最新尝试和努力。此外，外汇市场也发展迅速。1994年我国外汇管理体制改革之后，建立了全国统一的银行间外汇市场，一方面极大便利了我国的外汇交易，另一方面也为我国央行维护外汇稳定提供了重要的交易平台。随着我国对外开放的进一步深化，外汇交易量由1994年的全年408亿美元激增到2015年的17.1万亿美元。同时，交易币种也由当初的美元和港币扩展到世界所有主要货币。

“十三五”规划提出要加快金融监管框架改革，明确指出要“加强金融宏观审慎管理制度建设，加强统筹协调，改革并完善适应金融市场发展的金融监管框架，明确监管职责和风险防范处置责任，构建货币政策与审慎管理相协调的金融管理体制。”宏观审慎管理在2015年国内股灾、2016年信用债违约升级的背景下，显得越发重要和必要。而股灾的一个主要原因是由于我国金融分业监管而引起的监管漏洞或盲区，使得资金在不同市场、机构之间大进大出，但由于不同监管机构中没有信息共享、监管合作等机制，而导致风险防范和预警措施缺失。

一个更加强劲、可持续的中国经济和一个更加稳健、完善的金融体系对做强人民币意义重大。具体来讲，通过持续不断的经济、金融改革，我国人民币的受益途径主要包括以下几个方面。

（1）国际收支：供给侧结构性改革的一个主要目的是改变我国长期以投资、出口驱动的粗放式经济增长模式，而转向消费、创新驱动的集约式增长模式。随着改革的逐步深入，产业结构的进一步优化，和技术创新的快速提升，将助力我国产品在国际供应链上由中低端向中高端的升级，从而使“中国制造”更具国际竞争力。一个“以质取胜”，而不是“以价取胜”的（出口）产业结构必定更加稳健。在此背景下，我国的国际收支状况将会得到持续改善，即有利于维持适度贸易顺差，并在更高层级达到平衡，进而推动我国汇率制度的长期稳定和发展。

（2）货币政策：众所周知，货币政策对汇率的影响较大。我国长时间以来，主要依靠财政政策或者货币政策来刺激经济。而伴随着供给侧结构性改革的深入，中国政府将会逐步减少通过高频率降息、降准的方式来刺激经济。同时伴随着金融改革的加速，未来我国的货币政策将会更加稳健。一般来讲，一国的利率与汇率呈正相关关系，所以可预期的未来稳健的货币政策将会有利于我国人民币的稳健。

（3）国内资产价格：在改革开放以来，得益于稳定的社会制度、完善的基础设施、充裕的技术工人等，我国一直是全球最受欢迎的投资国。同时，我国国内资产价格与其他许多国家相比，不仅风险低，而且收益高。在此背景下，海外资金源源不断地进入中国，进而客观上支撑了我国汇率的强劲。与此同时，近几年我国国内资产价格泡沫现象较为突出。国内、国际市场稍微有“风吹草动”，就可能导致国内资金的逃离，进而引起汇率的波动。“十三五”甚至更长时间内我国将坚持供给侧改革，以及加强金融宏观审慎监管和人民币汇率的弹性设计等，这些措施都将有利于国内价格的稳定，无论是实体经济回报率，还是金融市场回报率。鉴于此，人民币汇率也将更加稳定和可预期。

9.2 健全多层次资本市场体系：做强人民币的关键

做强人民币，本质上就是中国金融市场更加完善和健全，金融产品更丰富质量更好，从而吸引跨境投资者。从这一点出发，健全我国多层次资本市场体系是必然选择。早在2003年，我国就提出要建立多层次资本市场体系，经过十多年的探索与发展，我国多层次资本市场体系已初具规模，股票交易所市场日益壮大，中小企业股份转让系统（即“新三板”）服务范围已扩展至全国，各地区域股权转让市场和证券公司柜台市场积极探索前行。同时，我国的债券市场、期货及衍生品市场蓬勃发展，金融产品日益丰富，规模不断扩大。然而，我国资本市场仍处在“新兴加转轨”阶段，不仅市场化、法制化、国际化程度不高，而且市场层次、结构和基础设施仍有待完善，产品不够丰富，证券期货服务业和机构投资者发展不足，随着我国资本市场的进一步对外开放和融入全球金融体系，迫切需要健全多层次资本市场体系，从而使我国金融市场体系更加完善、金融产品更加丰富、金融监管更加高效，从而支撑人民币的强势发展。

当前，我国资本市场还很不成熟，与发达国家金融监管灵活、资本流动性强、货币流通自由相比，我国资本现状比较特殊。一方面外国投资者准入有限，且资金回撤难度较大；另一方面市场流动性和成熟性偏低。这些因素降低了我国资本市场对国际投资者的吸引力，无法吸引大量来自国外的现金流。基于上述因素，健全多层次资本市场体系，重点任务应包括股票市场、债券市场，以及其他相关市场。

（1）股票市场

股票市场是多层次资本市场的压舱石，也是宏观经济运行的晴雨表，不仅可以吸引长期投资，还可以为其他资本市场提供定价基准和风险管理工具。自 1990 年 12 月以来，我国股票市场走过了 20 多年的历程，与高速增长的中国经济一样，股票市场取得了长足发展。然而时至今日，我国股市在某种程度上可以说只注重“扩容发展”，没有理顺“监管”与“改革”“发展”的关系。例如，国内股票市盈率过高、虚高。同一只股票在 A 股、H 股市场不同价，且前者普遍比后者贵 30% 以上。另外“政策市”、内幕交易等问题较为严重，从而导致国内市场对国际投资者吸引力不高。因此，要继续壮大主板市场，丰富产品和层次，完善交易机制，降低交易成本。改革创业板制度，适当降低财务标准的准入门槛，建立再融资机制。在创业板建立专门层次，允许尚未盈利但符合一定条件的互联网和科技创新企业在创业板发行上市，并实行不同的投资者适当性管理制度。加快建设全国中小企业股份转让系统，拓宽民间投资渠道，缓解中小微企业融资难问题。在清理整顿的基础上，将地方区域性股权市场纳入多层次资本市场体系。发展券商柜台市场，逐步建立券商间联网或联盟，开展多种柜台交易和业务。同时，不同层次市场间应建立健全转板机制，改革完善并严格执行退市制度，推动形成有机联系的股票市场体系。

（2）债券市场

目前，我国债券市场规模已经超过 6 万亿美元，是全球第三大债券市场。2015 年 7 月 14 日，央行向全球货币市场基金经理开放债券市场，首次允许外资银行进入其短期借贷市场。但从实际效果来看，海外投资者对此反应冷淡，持有中国债券的比例不足 3%，显示出海外投资者在进入中国债券市场时依然面临挑战。首先，在监管层面，我国债券市场的多头监管导致效率较低，对于全球投资者而言难以驾驭；其次，中国债券市场没有经历完整的信贷循环，即从低利率、宽松信贷阶段到紧缩信贷状况阶段的循环，存在违约率上升的风险。

境外机构参与我国银行间市场一般有三类入市通道，一是境外央行、港澳人民币清算行、跨境贸易人民币结算境外参与行可以直接参与银行间市场；二是通过人民币合格境外机构投资者（RQFII）；三是通过合格境外机构投资者（QFII），投资额度均不断扩大。

回顾人民币在岸投资市场向境外机构开放的历程，从2009年7月人民币跨境结算试点起步，人民币在全球贸易和投资中的应用范围和流通度开始上升，贸易结算推动离岸人民币资金池持续增长，资产配置和流动性管理的需求也日益强烈。2010年8月央行正式允许境外央行、货币当局、人民币清算行和参与行等进入银行间市场；2011~2013年陆续放开QFII和RQFII进入银行间债市投资，投资额度不断扩大；2015年6月，放开境外机构的债券回购交易，允许加杠杆，且回购资金可调出境外使用，进一步扩大资金双向流动；2015年7月，央行进一步取消审批制、取消额度限制，交易品种扩展至利率借贷、互换、远期等，在岸债市的大门继续放开。

为提高我国债券市场的吸引力，应进一步发展公司债券，丰富债券品种，方便发行人和投资人自主选择发行交易市场，提高市场化水平；发展资产证券化，盘活存量资金，优化资源配置。扩大私募债发行主体和投资人范围，进一步发展场外交易；强化市场化约束机制，促进银行间债券市场和交易所债券市场的互联互通和监管规则统一。

（3）其他市场

随着我国经济市场化程度加深和体量增大，企业对大宗商品价格波动愈加敏感，投资者也越来越需要运用期货及其他金融衍生品管理和规避风险。应进一步完善商品期货和金融衍生品市场，健全价格形成机制，帮助企业发现价格和管理风险；稳步发展权益类、利率类、汇率类金融期货品种，完善场外衍生品市场体系，适应金融机构风险管理、居民理财和区域经济发展等多元化需求。

与公募市场相比，私募市场发行主体更加多元化，发行流程相对简单高效，发行对象通常限于风险识别和财务能力较强的适格投资者，交易品种更为丰富，交易机制更加灵活，可以提供更加多样化和个性化的投资服务。应鼓励发展私募股权投资基金和风险投资基金，为不同发展阶段的创新创业型中小企业提供股权融资，支持创新，促进并购，增加就业，并实行适度监管、行业自律，建立健全投资者适当性制度，规范募集和宣传推介行为，严厉打击非法集资活动。

通过建设多元化的金融机构体系和多层次资本市场，完善征信、信用评级等基础建设，能够为金融产品市场化定价提供必要支持，并通过实体经济的健康发展，从根本上促进人民币汇率稳定。具体而言，健全多层次资本市场，人民币将通过以下几个方面受益。

第一，让金融更好地服务实体经济。有利于调动民间资本的积极性，将储蓄转化为投资，提升服务实体经济的能力。我国储蓄率较高，但存在企业融资难、民间投资难的突出矛盾，反映了我国资本市场欠发达、市场层次不丰富、资金供需双方不能有效匹配的矛盾。处在不同发展阶段的企业，其融资需求和条件是不一样的；同样，投资者的需求也是多样的。多层次资本市场体系可以提供多种类型的金融产品和交易场所，为多样化的投融资需求打造高效匹配的平台，有利于促进生产要素自由流动，激发经济增长活力。

第二，创新宏观调控机制，防范和化解经济金融风险。我国金融结构长期失衡，直接融资比重偏低，实体经济过度依赖银行信贷。潜在不良贷款、影子银行、地方政府融资平台、房地产市场等方面的风险相互关联且正在累积。近年来，我国企业和地方政府的负债水平不断提高，依靠信贷大规模扩张刺激经济难以为继。国际经验表明，直接融资和间接融资平衡发展是增强经济金融结构弹性的重要举措。多层次资本市场可以提供多元化的股权融资，加快资本形成，降低实体经济杠杆率；有助于盘活存量资产，进一步改善金融结构，改变过度依赖银行体系的局面，分散和化解金融风险隐患。

第三，促进新型产业发展。中小企业孕育着新的商业模式以及新兴产业，往往会成为引领经济转型的先导力量。我国大量科技创新型企业具有风险高、资产少的特点，难以获得银行信贷资金支持。多层次资本市场可以通过提供风险投资、私募股权投资等建立融资方和投资方风险共担、利益共享的机制，缓解中小企业和科技创新型企业融资难问题，并由市场筛选出有发展潜力的企业，推动新兴业态和产业成长，促进经济转型升级。

第四，促进产业整合，缓解产能过剩。多层次资本市场可以提供更加高效透明的定价机制和灵活多样的支付工具与融资手段，如普通股、优先股、可转债、高收益债券、并购基金等，推进企业市场化并购重组，促进产业整合，从而化解产能过剩问题。

第五，优化社会财富管理。随着经济发展和居民收入增加，我国居民投资理财需求激增。多层次资本市场可以提供多种风险收益特征的金融产品，多渠道满足日益增长的居民投资和理财需求，使不同风险偏好和承受能力的投资者都能找到适合自己的产品和服务，增加居民财产性收入，进而促进社会和谐稳定。同时，多层次资本市场可以有效促进养老金等社会保险基金保值增值，提高社会保障水平。

第六，提升经济金融国际竞争力。随着我国企业参与跨国并购的不断增多，迫切需要金融机构提高专业服务能力和国际化水平。加快发展多层次资本市场，将拓展我国资本市场的深度和广度，为扩大双向开放创造有利条件，提高我国资本市场和证券期货服务业的国际竞争力，更好地服务于我国经济参与全球竞争。

9.3　完善国际货币体系：做强人民币的“助推器”

2007 年始于美国的次贷危机，本应由其自食其果，但是美国通过美元占据全球轴心货币的国际货币体系，将次贷危机成本转嫁到全球各国与之共担，随后借助灵活主动的货币政策实现经济复苏，罔顾其政策的外溢性。因此，如今美国经济得以复苏，然而其他地区却仍在为此付出代价，成为美国经济复苏的垫脚石。

实际上，国际金融危机爆发后，G20、金砖国家等多国首脑多次要求改革现有国际货币体系。然而时至今日，尽管多数成员国已经批准了 IMF2010 年改革方案，但由于具有一票否决权的美国国会迟迟不予批准，国际货币体系改革多年来已陷入启而不动的困境。回顾布雷顿森林体系建立以来的所有关于国际货币体系的改革举措，都是对现有体系浅层次的修补，但这并未触及美元独大的实质性问题，没有真正改变美国控制国际货币体系的格局。因此，要想真正克服当前国际货币体系的缺陷，实现全球经济和金融的稳定，国际货币体系必须进行彻底改革，而不是对现体系的修修补补。

当前，国际货币体系已经不能反映新的世界经济格局，全球经济和金融稳定有赖于国际货币体系的彻底改革，其核心是储备货币的选择，主要有三大改革方案：回归金本位、超主权货币、多元储备货币。

有人提出重回金本位体系的。金本位的主要问题，一是黄金新增产量赶不上经济规模的扩大，会导致通货紧缩，因而不利于经济增长；二是金本位需要各国放弃信用货币制度和货币政策，无法使用货币政策实施宏观调控，这无疑是一场政治的“白日梦”。

因此，超主权储备货币可以说是国际货币体系改革的理想目标。理论上，国际储备货币的币值首先应有一个稳定的基准和明确的发行规则以保证供给的有序进行；其次，其供给总量还可及时、灵活地根据需求的变化进行增减调节；最后，这种调节必须是超脱于任何一国的经济状况和利益。就路径而言，一是扩大IMF的SDR的发行和使用范围，逐步取代美元；二是取消国家中央银行，将货币发行权交给新全球中央银行，发行全球通用货币。然而，前者难度极大，后者属于“乌托邦”式的理想主义，根本没有可能性。

现实当中，多元储备货币改革方案在当前最具可行性。多元储备货币就是由三至五种货币共同承担国际储备货币的职能，它们的份额大体相当，相互竞争、相互制约，获取的收益与承担的责任相当，从而制约货币发行国不负责任的货币政策，为其他国家提供更加稳定可靠的国际汇率安排和储备资产。当前尽管欧元、日元、英镑等货币也被多数国家作为国际储备货币持有，但是美元独大，在国际储备、结算中占60%~70%的绝对多数，因此其他国际货币无法有效约束美元。

目前看来，多元国际储备货币体系的改革能否成功取决于两个重要因素：一是人民币国际化能否有序推进并取得成功，从而成为国际储备货币体系中具有稳定作用的重要一极；二是多极国际储备货币体系能否构建起内在的稳定机制。

我国应倡导并推动具有内在稳定机制的多极储备货币体系的形成，其核心在于构建内在稳定机制。内在稳定机制具有三方面要求：一是推进与全球经济的多极化趋势相适应的真正意义上的储备货币多极化。储备货币将由多个大经济体的货币构成，并且鼓励符合条件的高成长国家或经济体的货币加入其中，使 IMF 能够拥有坚实而稳定的动态经济基础。二是加强多极国际储备货币的区域化特征，以形成互补性大于竞争性的共存关系。三是加强国际合作，实施国际汇率波动和短期国际资本流动的全球管理；以促进单极储备货币向多极储备货币体系的平稳过渡，并且避免多极储备货币的竞争带来的不稳定和系统性风险。

IMF 改革可以通过人民币国际化与加强汇率波动、资本流动的国际管理形成双轮驱动模式。人民币国际化将为 IMF 引入新的稳定力量，形成美元、欧元和人民币三足鼎立的稳定结构，而国际社会对汇率波动、金融资本流动的管理将为人民币国际化的成功创造稳定的国际金融环境。

稳步推进人民币国际化，推动国际货币体系改革，当前最重要的是打造好人民币离岸市场。目前，我国正在逐步推进离岸市场的建立和发展。2011 年 8 月，中央政府表示支持香港发展成为离岸人民币业务中心，促进人民币离岸市场发展的人民币流出回流框架逐渐完善。除香港外，伦敦、法兰克福、新加坡等多个海外城市也在争取成为离岸人民币中心。对欧美地区，中国处于贸易顺差状态，从经常项目输出人民币的规模有限。如果开发出适当的人民币产品，通过人民币结算，则不仅可以降低汇率波动的影响，还可以推进人民币在对外投资中的使用。从国际经验看，推进欧洲日元债券市场发展曾是日元国际化的一项重要举措，重点是推进欧洲日元交易的自由化，对欧洲日元市场的发展提供了有利支持。因此，在适当时机推动欧美地区人民币离岸市场的发展，将会极大拓展人民币国际化的新空间。

同时，发展人民币离岸市场，是人民币国际化在资本项目开放受制约条件下最为重要的突破口。

一是离岸人民币市场发展有助于深化跨境人民币贸易结算和对外直接投资机制的建设。一旦离岸人民币市场高度发达，海外进口商就愿意持有人民币，出口贸易结算将会发展起来，再通过政策引导、市场机制扩大出口环节的人民币结算比例，同时逐步扩大人民币对外直接投资的规模和范围，将进一步发挥人民币结算与投资功能。

二是离岸人民币市场发展有助于夯实人民币投资货币功能强化的基础。发展"点心债"（中国香港）、"狮城债"（新加坡）、"宝岛债" 等国际债券市场，将扩大离岸市场人民币资产池，同时形成与国债市场、金融债、企业债等国内债券市场的互动格局，人民币资本市场广度不断扩大，深度不断深化，这将逐步形成人民币的投资功能。

三是离岸人民币市场发展有助于推进人民币在周边地区贸易、投资和资本往来的使用，以至被周边国家货币当局所持有，进一步激发储备功能，实现人民币国际化新突破。

四是，离岸人民币市场发展有助于逐步完善人民币国际化的必要基础设施。一方面建立健全统一、高效、安全、便利的离岸人民币清算系统，建立健全人民币资本市场的法治与监管机制，实现人民币与其他货币的有效转化，夯实人民币跨境使用的法治和技术基础。另一方面完善人民币回流机制建设，理顺人民币双向流动的内在机制，实现在岸与离岸两个市场的互动和互通。

第 10 章　人民币国际化：让中国经济走向世界

通常认为，人民币国际化的重要起点是 2009 年 7 月国务院六部委发布跨境人民币结算试点管理办法①。以这个起点来看，人民币国际化已经走过了七个年头。七年以来，人民币作为储备货币、投资货币、贸易货币和世界货币的国际化地位均有不同程度的提高。从表面来看，人民币国际化是人民币走向全球、不断做大做强的过程，但从本质来说，人民币得以国际化仍需要国内强有力的经济增长、稳健的产品和金融市场、强大的企业竞争力来背书。只有苦练内功，人民币国际化才能既走得好又走得远②，强势的人民币国际化需要有强势的国内经济作为支撑。

10.1　作为储备货币

人民币正在强势融入全球各层级的金融安全网。全球金融危机爆发以来，各国都在通过不同的途径编织金融安全网，希望通过各个层面的防御机制来预防和抵御危机冲击③。国别的金融安全网主要包括三层，分别是本

① 中国人民银行 2015 年发布的《人民币国际化报告》采取的即是这一时点。

② 徐奇渊，杨盼盼 . 人民币国际化，苦练内功不可少［N］. 人民日报，2014-07-10（23）.

③ 熊爱宗 . 拯救金融危机的第二道防线［EB/OL］.（2016-04-07）［2015-05-01］，http：//www.thepaper.cn/newsDetail_forward_1451535.

国金融市场基础设施的建设与完善、宏观审慎监管措施的完善以及积累外汇储备防范大规模资本外流的冲击。其中，外汇储备积累涉及储备货币币种的选择，近年来各国出现了储备货币多元化的趋势，人民币正在成为除美元等国际货币之外的又一储备货币选项。双边层面的金融安全网主要通过货币互换来实现，即一国央行同别国央行进行货币互换，以支持短期流动性。从国别和双边层面来看，人民币国际化已经逐渐融入金融安全网之中，并逐步发挥重要作用。

国别来看，各国通过积累外汇储备保证在遭遇资本外流冲击时经济体的稳健。考虑到各国贸易、金融流向的多样化，传统以积累美元外汇储备为主的方式开始发生变化。国际货币基金组织（IMF）每一季度会发布官方外汇储备货币构成报告（COFER），通过这一数据能够获知全球官方外汇储备总规模及主要币种规模。图10.1给出了2000~2015年各年末（第4季度）官方外汇储备资产中主要货币占比的变动情况，十五年的币种构成变动有如下趋势：美元占比从2000年[①]的71%下降至2015年的64%，最低时（2012、2013年）甚至下降了10个百分点；欧元占比在21世纪初上升，但在欧债危机之后下降，从2009年的28%下降至2015年的20%；英镑、日元、瑞郎的变动较小；其他货币[②]占比的上升，其上升的态势主要出现在全球金融危机之后，占比从2000年的1.5%上升至2015年的6.8%，上升超过5个百分点。目前，人民币在全球官方外汇储备中的构成尚没有正式公布[③]，但是人民币确实包含在其他货币中，若假定人民币在其他货币中所占的比重不变，那么人民币在全球外汇储备中的比重是上升的。

---

① 为第 4 季度值，余同。

② 除美元、欧元、英镑、日元和瑞郎之外的其他货币，包含人民币。

③ 随着人民币加入 SDR 篮子，人民币在世界外汇储备中的占比将于 2017 年开始正式公布。

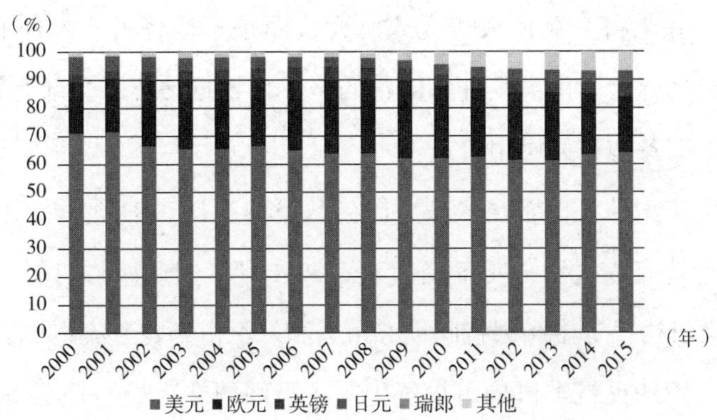

图10.1　官方外汇储备货币构成变动（2000~2015年）

数据说明：（1）均为各年第4季度数据；（2）由于瑞郎占比较小（0.1%~0.3%），在图中显示不明显；（3）澳元和加元于2013年首次披露具体规模，此前均在其他货币中予以报告。为保证连贯性，将其全部加总至其他货币中。

数据来源：国际货币基金组织（IMF）全球官方外汇储备货币构成（COFER）数据库

非官方的数据显示人民币的强势地位更加乐观，人民币已在全球外汇储备中已占有一席之地，且前景向好。根据由汇丰资助的《央行杂志》于2015 年初进行的一项调查，在对管理全球近一半规模外汇储备资产的 72 家央行的调查中，有半数央行表示他们正在投资人民币资产或考虑投资人民币资产。基于调查的结果显示，人民币资产占全球外汇储备资产的比例在 2015 年末约为 2.9%，2020 年前达到 6.9%，2025 年前达到 10.4%，2030 年前更是预计能够达到 12.5%，届时，人民币将超过欧元成为全球第二大储备货币[①]。无论是新兴市场，还是发达国家，都正在或者计划将人民币资产纳入外汇储备中，例如，英国政府于 2014 年末发行了 30 亿元人民币的

① 汇丰调查：人民币 2030 年或将成世界第二大储备货币 [EB/OL].（2015-04-13）[2016-05-01]，http：//wallstreetcn.com/node/216569.

主权债券，并未将其兑换成美元或欧元，而是直接将其放入外汇储备中，澳大利亚公开称人民币占其外汇储备的3%[①]。根据估算，全球有超过50家央行的外汇储备中有人民币资产[②]。

人民币作为外汇储备也获得了国内政策的支持。中国人民银行积极鼓励境外央行持有人民币外汇储备资产，2016年4月14日人民银行公布了境外央行类机构投资中国银行间债券市场和外汇市场业务流程[③]，根据这一业务流程，境外央行类机构可投资中国银行间债券市场和外汇市场，对两类投资均无额度限制，且在投资方式上境外央行可以选择自主交易。此举为境外央行增持人民币外汇储备拓宽了渠道[④]。根据央行的《人民币国际化报告》，截至2015年4月末，境外中央银行或货币当局在境内外持有债券、股票和存款等人民币资产余额约6667亿元[⑤]。

双边来看，央行间的货币互换也是保证在危机时期流动性以及平常时期便利贸易金融交往的重要手段。无论是何种方式，都有助于推动人民币国际化。自2009年央行签署首笔双边本币互换协议以来，与中国签署货币互换协议的国家就在稳步上升，截至2016年3月，中国人民银行共与

---

① 路透香港/新加坡.人民币在全球外汇储备中的份额上升［EB/OL］.（2014-10-30）［2015-05-02］，http：//finance.sina.com.cn/world/20141030/151820687731.shtml.

② 汇丰调查：人民币2030年或将成世界第二大储备货币［EB/OL］.（2015-04-13）［2016-05-01］，http：//wallstreetcn.com/node/216569.

③ 中国人民银行.境外央行类机构投资中国银行间债券市场和外汇市场业务流程及常见问题解答［EB/OL］.（2016-04-14）［2016-05-02］，http：//www.pbc.gov.cn/goutongjiaoliu/113456/113469/3048164/index.html.

④ 凤凰国际.央行扫清障碍境外央行增持人民币外汇储备将爆发［EB/OL］.（2016-04-15）［2016-05-02］，http：//finance.ifeng.com/a/20160415/14325850_0.shtml.

⑤ 中国人民银行.人民币国际化报告（2015）［R/OL］.（2015-06-11）［2016-05-02］，http：//www.pbc.gov.cn/huobizhengceersi/214481/214511/214695/2879200/index.html.

33家中央银行或货币当局签署了双边本币互换[①]，金额共计33142亿元人民币[②]。这其中，既有马来西亚、哈萨克斯坦、俄罗斯、南非等新兴经济体，也有澳大利亚、英国、瑞士等发达国家，中国与欧央行也于2013年签订了3500亿元人民币/450亿欧元的本币互换协议。

值得一提的是，强势人民币国际化进程中也展现着巧实力。中国人民银行与其他国家央行签署的本币货币互换更加看重的是便利双方在贸易投资中使用本币，规避汇率风险，与此同时，兼顾为金融市场提供紧急流动性。这是在资本账户未完全开放的情况下人民币国际化的一条创新思路[③]，促进贸易投资具体对应的是经常账户及资本与金融账户下中长期投资。一方面，在国内金融改革及汇率形成改革尚未完成的情况下，不贸然完全开放资本账户，有助于国内经济金融环境的稳定；另一方面，借力于中国的大规模贸易体量及对外走出去的需求，在双边互换协定这一“旧瓶”中装入“新酒”，有助于更好地助力人民币国际化。

10.2 作为投资货币

作为投资货币，人民币国际化在人民币直接投资、人民币证券投资、

---

① 互换协议期限一般为3年，多数国家在到期之后选择续签，但乌兹别克斯坦和巴西与中国的双边互换协议已失效。

② 中国人民银行．中国人民银行和其他央行或货币当局双边本币互换一览表（截至2016年3月）[EB/OL].（2016-01-04）[016-05-02]，http://www.pbc.gov.cn/huobizhengceersi/214481/214511/214541/2967384/index.html.

③ 徐奇渊．中俄货币互换：央妈有钱不任性[EB/OL].（2014-12-22）[2016-05-02]，http://www.thepaper.cn/newsDetail_forward_1287744.

离岸人民币市场建设及人民币海外债券发行等领域均取得了重要进展，这使得人民币跨境流动的渠道得以拓宽。

人民币直接投资方面，按照资金规模，2014年中国是世界第一大直接投资接受国和第三大对外直接投资国，人民币强势地位背后有着直接投资大国地位的支持。中国的对外直接投资规模体量已基本与吸纳的直接投资相当，如此大的体量成为实现直接投资人民币结算的有益支撑。在政策层面，直接投资的人民币结算已经实现双向放开，具体而言，2011年1月，境内机构可以使用人民币在境外进行对外直接投资（ODI），2011年10月，境外投资者可以使用人民币在境内进行直接投资（FDI）[①]。在上述政策的支持下，人民币对外直接投资和人民币外商直接投资均取得了显著发展。其中，2015年人民币对外直接投资出现大规模上升，总体结算规模为7362亿元，同比增长295%[②]，这一规模是2011~2014年累计规模的2倍还多。2015年人民币外商直接投资结算规模为15871亿元，同比增长84%（图10.2）。随着中国资本、中国企业走出去，人民币也一同迈出国门、走向世界，随着“一带一路”的推行和亚洲基础设施投资银行的建立，人民币作为直接投资货币的前景更加值得期待。

人民币证券投资的开展主要与人民币合格境外机构投资者（RQFII）制度及人民币合格境内机构投资者（RQDII）制度密切相关。前者于2011年12月开始试点并于2013年3月进一步扩大规模和试点国家范围，到2015年5月末，有包括中国香港、英国、新加坡、法国、韩国、德国、卡

① 中国人民银行．人民币国际化报告（2015）[R/OL].（2015-06-11）[2016-05-02].http：//www.pbc.gov.cn/huobizhengceersi/214481/214511/214695/2879200/index.html.

② “8·11”汇改的短期效应在其中也起到了作用，9月单月值达2078亿元。

塔尔、加拿大、澳大利亚、瑞士、卢森堡、智利在内的国家和地区获得了RQFII 的额度①。后者则与 2014 年 11 月出台，同月沪港通也正式启动。根据人民银行的统计②，到 2015 年 4 月止，包括境外机构和个人在内的非居民持有的境内人民币金融资产达 44065 亿元，境外机构持有的股票市值、债券托管余额和对境内机构贷款余额分别为 6444 亿元、7352 亿元和 8739 亿元，境外同业往来账户人民币存款及境外机构和境外个人人民币存款余额 21530 亿元。

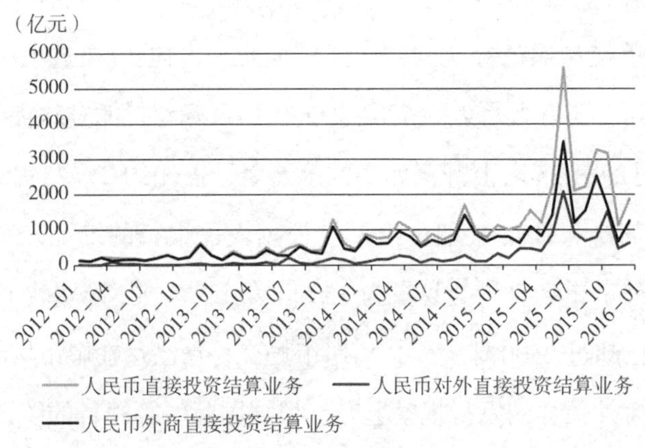

图10.2 月度人民币直接投资结算金额

数据来源：Wind

人民币离岸市场也在过去的几年有了长足的发展。目前，除了港澳台地区较早设立了人民币清算行，在亚洲、大洋洲地区的新加坡、韩国、马来西亚、泰国、澳大利亚，欧洲的英国、德国、法国、卢森堡，中东地区

① 中国人民银行 . 人民币国际化报告（2015）[R/OL].（2015-06-11）[2016-05-02]., http：//www.pbc.gov.cn/huobizhengceersi/214481/214511/214695/2879200/index.html.

② 中国人民银行 . 人民币国际化报告（2015）[R/OL].（2015-06-11）[2016-05-02]，http：//www.pbc.gov.cn/huobizhengceersi/214481/214511/214695/2879200/index.html.

的卡塔尔，北美的加拿大和南美的智利等国家和地区人民币清算行也已经设立和投入运转。清算行的设立便利了人民币的跨境交易，促进贸易、投资、金融交易的顺利进行。目前，人民币离岸市场的发展已经开始跨越大中华区乃至亚洲边界，根据环球银行金融电信协会（SWIFT）的统计，英国 2016 年 3 月的人民币交易量在全球人民币离岸交易总量中的占比达到 6.3%，超越东南亚金融中心新加坡（占比 4.6%），成为仅次于中国香港的全球第二大离岸人民币清算中心。根据英国央行的最新数据，伦敦外汇交易日均成交额达 2.15 万亿美元，是全球最大的外汇交易中心，在这个中心里，人民币交易额已经达到约 390 亿美元，占比 1.8% 左右，这使得人民币成为伦敦市场第八大交易货币[①]。人民币国际支付的全球货币排名已从 2010 年 10 月的第 35 名上升至如今的第 5 名，占比约 2% 左右，仅次于美元、欧元、英镑和日元（见图 10.3）。根据人民银行的统计，2014 年中国境内人民币外汇市场日均交易量为 550 亿美元，主要离岸市场人民币外汇交易量日均已超过 2300 亿美元，离岸市场交易量已达在岸市场的 4 倍[②]。

人民币海外债券的发行规模上升。根据国际清算银行的统计，到 2014 年末，境外机构发行的以人民币计价的债券总规模为 5351.18 亿元，其中，境外机构在离岸市场发行的以人民币计价的债券总规模为 5304.8 亿元，在中国境内发行的以人民币计价的债券（即所谓“熊猫债券”）总规模为 46.3 亿元。

---

① 商务部. 建行伦敦人民币清算行助力英国成为全球第二大离岸人民币清算中心 [EB/OL].（2016-04-30）[2016-05-05]，http：//finance.sina.com.cn/roll/2016-04-30/doc-ifxruaee5198700.shtml.

② 中国人民银行. 人民币国际化报告（2015）[R/OL].（2015-06-11）[2016-05-02]，http：//www.pbc.gov.cn/huobizhengceersi/214481/214511/214695/2879200/index.html.

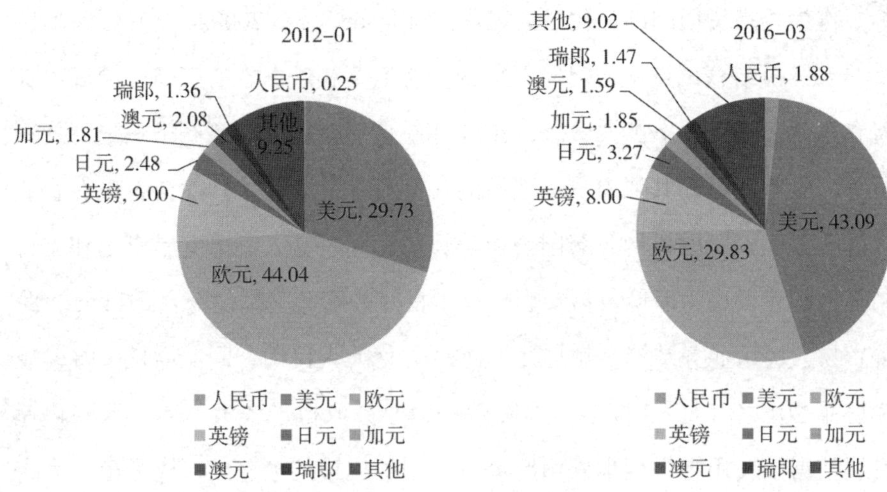

图10.3　人民币国际支付占比上升

数据来源：Wind

10.3　作为贸易货币

2015 年，根据联合国贸易与就业会议的数据，中国的出口占全球的比重达到 13.8%，达近 50 年最高，这意味着在全球贸易增长不利的背景下，中国的出口竞争力仍然在提升[①]。作为贸易货币的人民币其强势的国际化有中国对外贸易规模和竞争力的支持，而事实上，人民币跨境贸易结算也可以称得上是人民币国际化的起点，七年以来，人民币国际化在作为贸易结算货币以区域锚定货币等领域都有了长足的进展。

① 参考消息网 . 英媒：中国出口占全球比重达近 50 年最高 .[EB/OL].（2016-04-23）[2016-05-06]，http：//news.xinhuanet.com/overseas/2016-04/23/c_128923281.htm.

作为贸易货币的国际化是人民币国际化的起点，2009 年 7 月，跨境贸易的人民币结算试点正式启动，最初是在上海和广东省的广州、深圳、珠海和东莞，随后两次扩大试点，2011 年扩展至全国，涵盖经常账户下货物贸易、服务贸易和其他项目，随后的几年流程继续简化，参与者也从企业扩展至个人、金融机构、跨国公司等，与此同时，人民币离岸市场和支付结算网的建设也为跨境贸易结算提供了良好的配套基础设施。2015 年，跨境贸易人民币业务结算金额总计为 7.23 万亿元人民币，同比增长 10%，规模已是 2012 年时的 3 倍多，人民币跨境业务取得了较大发展。这一快速发展使得人民币在中国本外币跨境收付中的比重接近三成，成为第二大跨境收支货币，货物贸易人民币结算占中国海关进出口比重的近四分之一[①]，这一国际化水平已与日元不相上下。

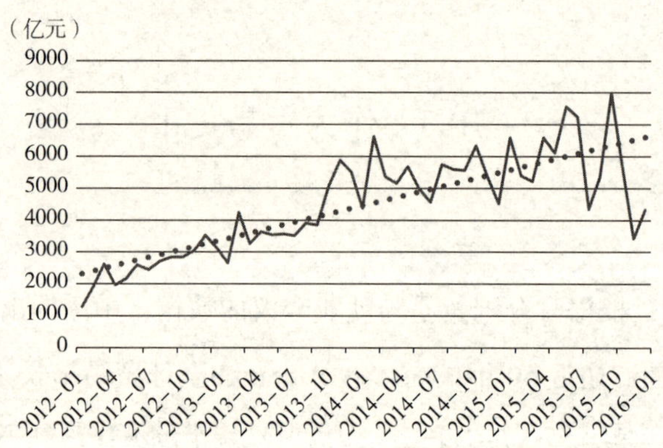

图10.4 跨境贸易人民币结算金额（当月值）

说明：图中虚线为线性趋势线

数据来源：Wind

---

① 程军．人民币国际化发展趋势及展望．[EB/OL]．（2016-03-17）[2016-05-06]，http：//finance.sina.com.cn/money/forex/datafx/2016-03-17/doc-ifxqnski7677452.shtml.

不仅贸易结算本身能够带动人民币国际化、促进人民币的跨境流动，贸易规模的提升以及同其他国家日趋紧密的贸易联系也能够促使更多国家接受人民币，从而更好地提升人民币的国际地位。从目前的情况来看，如果不是在全球，人民币至少在亚洲地区的影响力出现了强势上升。受到东亚及本区域价值链的影响，人民币得到了越来越多周边和亚洲国家的认可，人民币在亚洲地区出现了被周边国家锚定的趋势。根据徐奇渊和杨盼盼（2016）[①]的对亚洲地区9种货币的估算，包括马来西亚林吉特、菲律宾比索、新加坡元和泰铢在内的货币，其盯住的货币篮子中人民币在其中的地位都有显著上升，具体而言，人民币上升的范围是10%~30%，美元则下降了10%~40%；而除了韩元和新加坡元，以及盯住美元的港币和越南盾，人民币在其他货币中的权重中均位居第二，超过了欧元和日元（见图10.5）。人民币在区域影响力的上升，与中国同本地区国家贸易日趋紧密的程度密切相关，以上述四个人民币占比显著上升的国家为例，2005年，在这四个国家的最大贸易伙伴中，中国都排不进前三名，而在2012年，中国已经位列所有这些国家贸易伙伴的前三（见下表10.1）。

表10.1　中国在区域贸易中的地位显著上升

泰国	马来西亚
2005：美国，日本，欧盟	2005：美国，新加坡，欧盟
2012：中国，日本，美国	2012：中国，新加坡，欧盟
菲律宾	新加坡
2005：美国，日本，欧盟	2005：马来西亚，欧盟，美国
2012：日本，美国，中国	2012：马来西亚，中国香港，中国

资料来源：徐奇渊、杨盼盼（2016）

① 徐奇渊，杨盼盼 . 东亚货币转向盯住新的货币篮子 [J]. 金融研究，2016（3）：21-31.

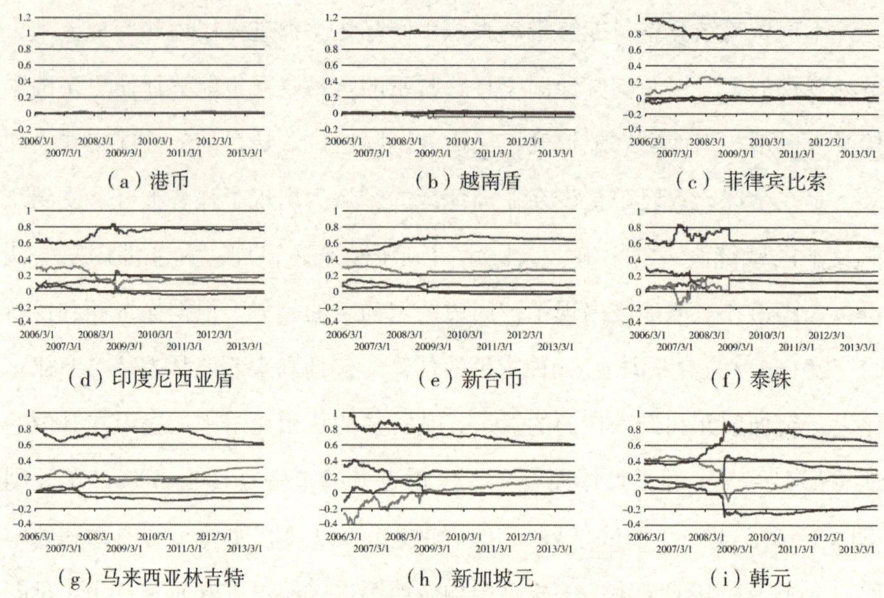

（a）港币　（b）越南盾　（c）菲律宾比索

（d）印度尼西亚盾　（e）新台币　（f）泰铢

（g）马来西亚林吉特　（h）新加坡元　（i）韩元

图10.5　东亚主要经济体的参考货币篮子构成

资料来源：徐奇渊、杨盼盼（2016）

10.4　作为世界货币

人民币已经初具世界货币的样貌。在这方面，人民币被纳入特别提款权篮子是最重要的举措。2015 年 11 月 30 日，国际货币基金组织（IMF）完成了五年一度的 SDR 货币篮子审议，宣布人民币被纳入 SDR 篮子，并将于 2016 年 10 月 1 日生效，届时，SDR 篮子中将有美元、欧元、日元、英镑和人民币共计五种货币。在 SDR 篮子构成中，人民币将占比 10.92%，权重仅次于美元和欧元，和 2010 年篮子构成相比，欧元、日元和英镑的

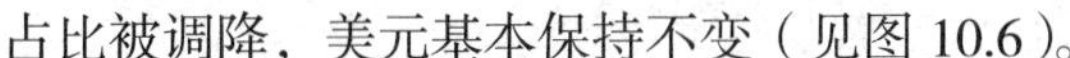

占比被调降，美元基本保持不变（见图 10.6）。

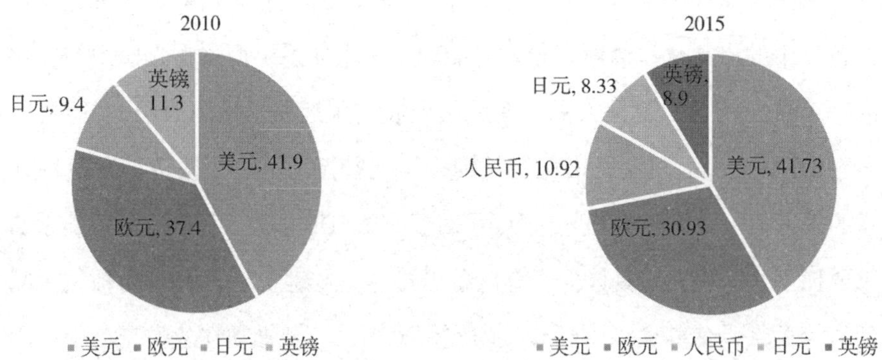

图10.6 SDR货币篮子构成（2010，2015）

数据来源：IMF

人民币被纳入 SDR 篮子有着重要的意义。人民币是后布雷顿森林体系时代首个新加入的篮子货币[①]，也是第一个加入篮子的新兴市场货币。人民币入篮的直接影响是，当 SDR 在 2016 年 10 月重新分配时，占篮子份额超过 10% 的人民币资产也就自然随之分配给各成员国，成为各成员国外汇储备的一部分。而更重要的意义在于，人民币的国际地位得到了国际组织的肯定，这将极大地提升世界各国对人民币的信心，从而助力人民币国际化更进一步地发展。

正如 IMF 总裁拉加德所说："将人民币纳入特别提款权货币篮子的决定是中国经济融入全球金融体系的一个重要里程碑。它是对中国当局在过去多年来在改革其货币和金融体系方面取得的成就的认可。中国在这一领域的持续推进和深化将推动建立一个更加充满活力的国际货币和金融体

① 欧元在当时是取代了之前的德国马克和法国法郎。

系。这又会支持中国和全球经济的发展和稳定。”[①]

人民币加入 SDR 是一个起点，推广这一入篮进程本身有助于促进国际储备货币的多元化，继而完善现有的国际货币体系，而这是人民币国际化的一个重要初衷，也是人民币在成为世界货币道路上应当肩负起的责任。早在 2009 年，中国人民银行行长周小川就曾撰写《关于改革国际货币体系的思考》一文[②]，当时重点谈到了对于改革SDR作为改革国际货币体系的重要抓手这一思路，具体而言有四条思路：一是建立起 SDR 与其他货币间的清算关系，使其成为国际公认的支付手段；二是推动在各类交易中使用 SDR 计价；三是创立 SDR 计值资产；四是完善 SDR 定值发行方式并扩容篮子。

目前看来，这些思路在现今正或多或少地成为现实，其中第四点扩容 SDR 篮子已经取得阶段性成果，人民币被成功地加入货币篮子中；对应第二点，中国目前在公布外汇储备时也将 SDR 作为报告货币，推动了 SDR 的计价功能。中国目前正在重点关注第三条思路，即创立 SDR 计值资产，事实上，美国学者 Eichengreen 就曾指出，如果中国真想提升 SDR 的储备货币地位，就应当发行 SDR 计值债券创造 SDR 流动性[③]。周小川 2016 年 3 月 31 日 G20 国际金融框架高级别研讨会上表示，中国正在积极研究发行 SDR 计值的债券，有望于 2016 年 7 月为中资和外资实体在中国境内发行

① 国际货币基金组织 . 国际货币基金组织执行董事会完成特别提款权审议，同意人民币加入特别提款权货币篮子［EB/OL］.（2015-11-30）［2016-05-07］，http：//www.imf.org/external/chinese/np/sec/pr/2015/pr15540c.pdf.

② 周小川 . 关于改革国际货币体系的思考［EB/OL］.（2009-04-01）［2016-05-07］，http：//finance.sina.com.cn/g/20090401/17566053950.shtml.

③ EICHENGREENB.TheWorld'sTopCurrencyFacesCompetition：TheDollarDilemma［J］.ForeignAffairs，2009（88）：53-68.

SDR 计价债券建立平台[①]，这将有助于海外国家增持人民币资产，推动人民币国际化。此外，这一交易平台的推广还将有助于私人部门参与 SDR 相关资产交易，提升其使用范围。可以说，加入 SDR 这小小一步，是人民币在成为世界货币道路上的一大步。

在过去七年间，人民币国际化取得了丰硕的成果，人民币作为储备货币、投资货币、贸易货币和世界货币的国际化程度均有显著的提升。回顾人民币国际化的历程不难发现，人民币国际化强势的背后乃是中国经济实力辅以政策引导的结果，经济实力决定了人民币的吸引力，继而决定了人民币国际化的潜力，政策引导则帮助将这种潜力充分释放，并使得人民币国际化对中国和世界经济产生助益。鉴于此，可持续的人民币国际化需要持续健康的经济基本面和与之相匹配的政策的持续支持。未来，人民币国际化继续保持强势，还需要在以下方面实现突破。

第一，提升对外贸易竞争力，促进人民币作为计价货币的使用。如前所述，目前，贸易领域人民币国际化主要是在人民币作为结算货币的领域取得的突破。人民币国际化的目的之一在于使用本币规避国际贸易领域的汇率波动风险，但如果仅有人民币作为结算货币，而仍然使用外币作为计价货币，则从定价到结算仍然需要进行一次汇率的转换，这意味着汇率风险仍然存在。目前，企业以人民币计价的主动权仍然不强，根据中国银行 2015年的调研[②]，企业能够自主按照人民币报价的占比为14%~18%。要推

---

① 储芸．中国加速推广 SDR 有望在 7 月建立 SDR 计价债券发行平台［EB/OL］．（2016-04-27）［2016-05-07］，http：//wallstreetcn.com/node/235495.

② 中国银行．人民币国际化白皮书 2015.［R/OL］．（2015-11-09）［2016-050-08］，http：//upload.xh08.cn/2015/1109/1447039243106.pdf.

动人民币作为计价货币，需要从根本上提升企业的竞争力，继而提升企业的定价能力。

第二，深化汇率形成机制改革。虽然持有一国货币的动机可以来自于对这一货币的升值预期，但这一升值预期应当是基于对基本面的看好，而非政策的扭曲。此前受货币当局持续干预外汇市场的影响，人民币单边升值预期强烈，这成为人民币国际化的一个重要动因，但是受这一升值预期背景驱动的人民币国际化不可能长久，且付出的政策成本过大①。要改变这一情况，需要进一步深化汇率形成机制改革，增加人民币的弹性，为人民币进一步的国际化奠定基础。

第三，进一步将对外开放战略同人民币国际化结合。“一带一路”战略的推进和亚投行的发展为人民币国际化提供了前所未有的机遇②。首先，在相关国家，特别是新兴市场经济体中扩大人民币的使用范围，有助于降低使用第三方货币的汇率风险，促进贸易便利化；其次，在对相关国家的直接投资贷款、债券融资等中扩大人民币的使用，有助于便利投资，并实现人民币“资本项下流出、经常项下回流”的格局③；最后，人民币能够更好地在区域发挥储备货币职能，通过货币互换、外汇储备积累等形式强化区域金融安全网，为全球流动性提供补充。

第四，人民币资本项目可兑换和金融市场双向开放是人民币国际化下

① 张斌，徐奇渊．汇率与资本项目管制下的人民币国际化［R］.（2016-01-24），RCIF 工作论文，No.2016.1.

② 中国人民大学货币研究所．人民币国际化报告［M］. 北京：中国人民大学出版社，2015：201.

③ 祁月．姚余栋：新兴经济体或现“美元荒”人民币已具备补充全球流动性的潜力．[EB/OL]（201-04-24）［2016-05-08］，http：//wallstreetcn.com/node/235345.

一阶段的攻坚课题[①]，这一方面需要审时度势，把握资本项目开放的节奏，在全球金融市场波动较为剧烈的背景下，更需要谨慎；另一方面，仍需要通过各类改革措施，提升人民币资产的吸引力，唯有如此，人民币国际化才能走得又稳又好。

---

① 程军．人民币国际化发展趋势及展望．[EB/OL]．(2016-03-17)[2016-05-06]，http://finance.sina.com.cn/money/forex/datafx/2016-03-17/doc-ifxqnski7677452.shtml.

第 11 章　全局把控：以宏观调控应对汇率波动

金融危机的爆发进一步印证了一个事实：动荡的汇率会对宏观经济产生负面影响、危害金融安全，并最终导致金融危机爆发；面对经济下行压力，汇率往往成为发达经济体以邻为壑、转嫁危机的工具。因此，加强对人民币汇率的宏观调控就显得十分必要。由于汇率变动对不同行业、人群的影响不一，对同一行业、人群在不同时间点的影响也不一。因此，政府部门需要提高快速评估汇率变化对不同行业影响状况的能力，相机决策，在宏观大势和全局高度上做到利益最大化、代价最小化，通过宏观调控的手段在汇率波动的形势下趋利避害。

11.1　汇率波动对宏观经济的影响

汇率作为一种重要的金融制度，会对一个国家的宏观经济产生广泛而重大的影响。一个国家汇率的短期异常波动会直接冲击本国的资本市场，带来金融体系的动荡；长期波动会导致该国货币价值的升降，即货币升值或贬值，进而不仅直接影响该国的进出口及国际收支，更对经济增长、货币供应量、价格水平、就业和国民收入、国际储备等宏观变量产生间接影响。在全球经济日益一体化的今天，一国的汇率变动不仅会影响国内经济，更会影响国际社会。因此，需要对汇率波动和宏观经济的关系有清晰的认识。

（1）汇率短期异常波动对资本市场的影响

汇率的短期异常波动对资本市场，尤其是股票市场的影响不容忽视。2008年金融危机之后，一些主要新兴市场国家的汇率都出现了大幅贬值，并带来系统性危机。虽然当时人民币汇率较稳定，但由于经济增长率下降、经常账户顺差减少等原因，市场上形成了人民币贬值预期。从2014年至今的多次降准、降息，使得人民币贬值预期增强，尤其是2015年"8·11"汇改之后，外汇市场上一向稳如泰山的人民币也陷入飘摇动荡的局面，国内外金融市场出现的剧烈反应更是出乎预料，引发股市动荡、带来三次股灾。并且，由于小幅的汇率贬值没有消除贬值的预期，且央行并未对贬值及时做出有说服力的解释，因此贬值不但没有削弱恐慌情绪，反而强化了贬值预期，股票市场由此做出超调；另外，中国的股票市场是中国金融市场体系中唯一没有刚性兑付的市场，当多个金融产品的风险在一个金融产品上集中表现出来的话，造成的冲击会很大。所以，中国经济或者中国金融体系任何的风吹草动、系统性风险的上升或者资本市场对于系统风险的重新定价都集中、过度地反映在股票市场。

国际市场认为中国的股市可以反映中国的经济状况，因此，当股灾发生时，国际资本会认为中国的实体经济有大问题，进而产生负面预期，反过来又影响到中国市场的反应，最终对全球市场带来冲击。因此，汇率的短期异常波动对资本市场的影响应该是我国在今后需要着重注意的。

（2）汇率波动对进出口以及国际收支的影响

首先，汇率的波动会直接影响一个国家的国际收支和国际资本流动。以货币贬值为例，当一国的货币贬值，该国在国际市场上的竞争力就会增强，销售市场扩大，从而获得更多的外汇收入和利润，出口商在国际市场所得的外汇也能兑换更多的本国货币。而对于进口商而言，本币贬值意味着需要支付更多的货币来购买等价的进口商品，尤其是对于依赖于原料进口的加工企业来讲，从国外进口的原材料价格上涨将拉高生产成本，对进口构成限制，这对于企业的稳定发展是十分不利的。汇率的不稳定还会导致投机性的短期资金在国际间频繁流动，对各国，尤其是发展中国家的国际收支和金融体系带来冲击。外贸进出口是我国经济的重要组成，需要以稳健的汇率来支持我国外贸的健康发展。

其次，货币贬值将对该国的国际收支经常账户中的劳务收支等方面，如旅游，产生影响。本币贬值后，外币的价值相对提高，贬值国的劳务、商品、交通等费用相对降低，增加了对外国的吸引力；同时会促使国际中长期资本流入，资本项目得以改善，但对短期资本可能会造成不利影响。因此，货币贬值将扩大出口、限制进口，货币升值将限制出口、扩大进口。而货币升值的影响则恰恰相反。

总的来说，近几年我国的人民币汇率是处于上升通道的。2008 年金融危机以来，逐渐升值的人民币对我国的进出口贸易产生了深远影响。人民币升值对我国出口的影响主要包括：第一，同样价格的商品在国际市场上能折合更多的外币，导致商品在国外的销售价格上升，出口规模被压缩；第二，在国外销售价格不变的情况下，企业的创汇收入和之前相比只换回更少的人民币，相当于出口利润被压缩。目前，受当前美联储加息预期、西方发达经济体纷纷实施负利率等因素的影响，作为出口贸易大国的中国面临着巨大压力，如果人民币汇率波动较大或是在美国压力下一味地升值，必将增加我国国际贸易活动的风险，因此需要通过宏观手段对人民币汇率做出调控以及时应对国际形势变化。

（3）汇率波动对国内货币供应量及物价水平的影响

汇率波动会对一国的货币供应量及物价水平产生影响。以货币贬值为例，首先，进口等值的外国商品需要支付更多的本币，进而导致国内类似消费品的价格上涨；其次，进口原材料、中间产品的价格也会上升，拉高生产成本，相关商品的价格也水涨船高；再次，本币贬值导致出口增加，在就业充分的情况下，如果相关投入品的供给无法随之增加，就必然导致出口商品的价格上涨，削弱本国的出口竞争力；最后，以旅游业为主的相关劳务和商品价格也会上涨，带动国内相关劳务和商品的价格同步上涨。总之，一国的货币贬值将不可避免地导致本国国内货币供应量的增加、物价的上涨，推高 CPI，加剧通胀，对国民经济和百姓生活带来压力。货币升值的影响则恰恰相反。

汇率波动还会通过对证券市场的作用来影响货币供应和物价。还是以货币贬值为例，在本币贬值时，国内的投资者会选择抛售股票、债券，并转换为外币进行境外投资，进而导致本国债券资产的价格下降；同时，由本币贬值引起的国内商品价格上涨将导致外企的利润下降，间接对证券产生影响——进一步拉低债券价格。

随着人民币相对于外币的升值，我国进口商品的价格出现下降，有利于进口。进口商品和以进口商品为原材料的商品价格的下降将对国内 CPI 的下降带来一定的有利影响。我国作为加工贸易大国，出口商品对进口原材料的依赖程度较大，尤其是大宗商品，因此，进口商品价格的下降会导致出口企业生产成本的下降，减轻国内的通胀压力。当前，我国对外贸易发展已呈现出出口增速放缓而进口增速加快的趋势，在内需无法快速提升的情况下，人民币的适度升值将推动经济的健康发展。

（4）汇率波动对国际储备的影响

每一个参与国际经济活动的国家都需要保持一定的国际储备以应付国际支付或调节国际收支。汇率波动对外汇储备的影响主要体现在两方面。

一是通过影响国际收支状况直接影响一国外汇储备的收支。当一国货币相对于储备货币贬值时，该国将获得贸易顺差，国际资本流入增多，进而增加该国的外汇储备规模。当前受人民币升值形成贸易逆差、资本输入的减少和输出的增加、美联储将在一段时期内继续保持较为宽松的货币政策、欧洲多国推行负利率等诸多因素影响，我国外汇储备收入将不断减少。

二是储备货币的汇率变化会直接影响外汇储备的构成和实际价值。如果外汇储备中的外币对本币的汇率发生变动，那该部分储备资产的实际价值就会相应地发生增加或者减少。以货币贬值为例，当本币贬值时，则发行国的债务增加，本国所持有的债券也就相应增加，外汇储备资产增多。由于我国的主要储备货币是美元，因此我国的外汇储备的价值是在不断缩水的。此外，储备货币的汇率变动将对国际储备体系造成影响：当本币贬值时，其国际储备地位也将下降，国际社会对其信心也将降低；反之，该国货币的国际地位将增强。

（5）汇率波动对国内就业的影响

既然汇率波动能影响进出口、物价和资本流动，也必然会对就业产生重要影响。依旧以货币贬值为例，货币贬值有利于出口不利于进口，国际市场对该国商品的需求上升，出口占产业比重较大的国家的就业形势将趋于好转。反之，本币升值有利于进口不利于出口，出口型产业的生存压力增加，外贸加工行业的就业形势趋于严峻。

次贷危机之后，经济增长陷入迟滞的西方发达经济体一直在给人民币施压，企图逼迫人民币升值，扭转其对中国的高额贸易逆差。作为贸易出口大国，出口所带动的就业在我国国民就业中所占比例较高。在全球总需求下降、购买力不足的情况下，人民币的过快升值势必影响我国第二产业就业环境，增加就业压力。

但是，人民币汇率变动还会通过对我国经济结构的调整来实现对就业、对产业结构的长期影响。人民币升值推升了出口产品的价格，在价格规律的作用下，生产要素会更多地转移到服务业、金融、交通等非贸易产业。这种资源的重新配置将拉动第三产业的迅速发展，从而扩大内需，增加对劳务的需求。因此，人民币汇率的波动对就业的利弊影响要综合来看。

11.2 宏观调控对稳定汇率波动的意义

准确判断汇率的发展趋势并相机决策，才能做到趋利避害。正如前文所述，汇率的波动会对资本市场、国际收支、物价、外汇储备和就业产生影响。若能通过宏观调控的手段对国际收支、物价、外汇储备和就业施加影响，就能做到在汇率波动的情况下趋利避害，将汇率波动的利益最大化。

首先，国际收支平衡的目标是实现汇率稳定、外汇储备有所增加、进出口平衡，而不是使一国在国际收支账户上经常收支和资本收支相抵，更不是消极地防止汇率变动或外汇储备变动。因此，一国的国际收支状况不仅反映了该国的对外经济实力，更反映出该国经济的稳定程度和综合实力。当国际收支出现较严重的逆差时，可通过抛售外汇或买进本国货币等宏观调控手段加以应对；当国际收支顺差较大时，可通过抛售本国货币或增加外汇储备的方式来应对通胀等问题。当前我国经济基本面良好、外汇储备充足、调控经验丰富，有充足的资金和政策手段来平衡国际收支。

其次，物价调控对于保持国民经济持续健康发展、应对人民币汇率波动具有重要意义。物价调控主要是指国家利用经济、法律和行政手段，对价格总水平的变动进行干预和约束，以保持价格总水平的基本稳定。目前，我国的价格调控制度主要包括：一是储备调控制度。为了抑制价格总水平上升，我国对一些重要商品，例如粮食、猪肉、石油等建立了储备制度。储备商品一般是人民群众生产生活、国家经济发展所必备的商品。建立储备制度可以在经济发生波动、灾害发生、汇率动荡时进行调用，以稳定经济。二是价格监测制度，主管部门对重要商品、服务的价格进行动态监测，对其价格、成本、市场供求变化进行跟踪、分析、预警，并提出政策建议，以此提高价格调控的效果，保持物价总水平基本稳定。三是价格干预制度。当重要商品或服务的价格显著上涨时，政府可采取限定差价率、规定限价、提价申报等制度进行干预，保证价格波动处于合理空间。

再次，对外汇储备进行宏观调控可以维持汇率稳健。外汇储备作为一国所持有的外币资产，可用于国际支付、投资，以支持本币汇率。当外汇市场供大于求时，我国人民币相对升值，可通过释放人民币以吸纳市场上的外汇供应，并将其拨入外汇储备，避免人民币汇率高企；反之则抛售外储，利用外汇储备来承托人民币，维持人民币汇率的稳定。作为世界最大的外汇储备国，我国有充足的外汇储备可用来对本国及外币汇率波动做出反应，降低投资风险，进而维持金融、经济体系的稳健。

最后，随着我国经济发展进入新常态，产业结构调整和过剩产能消化进入加速期，就业问题更加凸显。对就业问题进行宏观调控，不仅是推动民生之举，更是应对汇率波动、增强经济发展持久力的必由之路。通过宏观调控来缓解城镇化、产业转型等带来的就业压力，实现人力资源的高效、合理、有序流动，既要发挥市场在配置劳动力资源中的决定性作用，又要发挥政府宏观调控的作用，以提供公平公正的竞争秩序和职业安全、社会保障网络，从而充分发挥我国的人口红利，促进我国从人力资源大国向人力资源强国转变，减少汇率波动对就业市场的影响。

总之，我们认为，中国有充足的经济、政策调控空间，可以有效地对汇率施加干预、确保人民币汇率的相对稳定，从而稳定系统性风险的预期。

11.3 中国应对汇率异常波动的宏观调控手段及作用

美国经济学家保罗·克鲁格曼（P.Krugman）提出“三角形”假说，他认为任何货币当局对于汇率稳定性、货币政策独立性和资本完全流动性这三个目标都永远无法同时实现，只能求其二而不可兼得。对于中国这样的发展中国家，保持汇率稳定性和货币政策独立性是一种比较理想的选择，但也面临经济全球化以及内外均衡冲突带来的挑战。随着中国对外开放走入深水区，提高了外部均衡问题的重要性，人民币汇率走向市场化的压力不断加大。目前，中国宏观经济政策实践表明，现实的内外均衡的政策选择可以突破“三元冲突”的束缚，走出一条不同以往的中间道路，即“部分汇率稳定 + 部分资本流动 + 部分货币政策独立”的政策选择。

在汇率政策方面，中国目前选择实行有管理的浮动汇率制度，即使在加入特别提款权（SDR）后基本汇率制度也不会改变，但汇率市场化机制改革会不断推进，最终实现人民币汇率自由浮动的目标。根据中国贸易顺差程度、结构调整的需要以及国内企业进行结构调整的适应能力，中国人民银行确定汇率浮动区间，在此浮动区间，参考一篮子货币，根据市场供求关系进行浮动。当达到汇率波动的边界，即进入汇率市场干预或对交易进行限制。值得注意的是，汇率浮动区间可以随时根据当前经济形势变化进行调整。此外，在浮动区间的边界是市场力量和政府进行博弈的地方，需要合理控制，否则极易造成汇率异常波动宏观调控手段的失败。一般而言，有管理的浮动汇率制度，调整的幅度浮动较小，在调整前已经有较为明显的市场预期，对贸易、投资、货币供应、利率变动等影响较小，整体能够保持长期趋势平稳。

通常，央行为维护汇率稳定，会采取包括经济、行政、法律和非正式等多种手段，对汇率异常波动予以管理和控制。中国应对汇率异常波动的宏观调控手段主要是指经济手段，中国人民银行利用外汇储备及其在外汇市场的力量和地位，对汇率异常波动进行控制和管理。具体而言，中国人民银行在外汇市场购入人民币，抛售足够多的外汇储备，防止人民币汇率突破波动上限；在外汇市场购入足够多的外汇储备，抛售人民币，防止人民币汇率突破波动下限。因此，汇率浮动区间在一定程度上兼有固定汇率制的稳定性和浮动汇率制的灵活性的特点，汇率浮动区间较窄，则汇率浮动区间更接近固定汇率的安排；汇率浮动区间很宽，则汇率浮动区间更接近浮动汇率的安排。

扩大人民币汇率的波动区间，增大汇率弹性，有助于更好地满足外汇市场的发展、避免跨境资本的大幅波动，以及有效避免形成人民币单向升值或贬值的预期。例如，2014 年 3 月 17 日起，央行扩大银行间即期外汇市场人民币兑美元交易价浮动幅度至 2%，此举凸显了央行推动汇率改革的决心，而且基本退出常态式的外汇干预也为货币政策带来更大的操作空间，进一步提高了货币政策的有效性和独立性。从欧洲汇率目标区制的经验来看，汇率目标区的波动范围越大，政府的货币政策独立性也越强，政府的承诺也越可信。值得注意的是，为防止汇率异常波动对经济产生的不良影响，中央银行也需要对汇率异常波动进行监控，包括短期游资规模、长期投资方向、国际债务期限变动以及企业利润汇回规模等。

11.4 提高人民币汇率宏观调控效应的建议

人民币汇率波动会导致中国货币价值的变化，对中国进出口、资本市场以及国际收支产生直接影响，同时，也对经济增长、货币供给、物价水平、外汇储备、就业和国民收入等国民经济各领域产生重要间接影响。因此，如何进一步推进汇率形成机制改革、做好汇率双向波动的市场沟通和预期引导、加强对跨境资本流动监管、准确识别汇率波动的来源、加强宏观经济政策协调，以应对人民币汇率异常波动，成为中国宏观经济调控的重要手段。

人民币汇率形成机制改革起于 1994 年，实现人民币官方汇率与外汇调剂市场汇率的并轨，逐步形成以市场供求为基础的、单一的、有管理的浮动汇率制度。为缓解对外贸易不平衡、扩大内需以及提升企业国际竞争力、提高对外开放的水平，2005 年 7 月 21 日，中国宣布实行“以市场供求为基础、参考一篮子货币进行调节、有管理的浮动汇率制度”，成为人民币汇率制度史具有里程碑意义的重大事件。此后，2006 年 1 月 4 日，引入询价交易方式。2015 年 8 月 11 日，为提高中间价报价的合理性，人民币汇率形成机制实行中间价改革，成为市场化改革的重要一步。目前，人民币汇率形成机制距离完全市场化仍有距离，存在一定程度的扭曲现象，汇率波动弹性有待加强，对宏观经济的调节作用不能完全体现。未来，需要进一步完善人民币汇率市场化形成机制，让市场供求在汇率形成中起决定性作用，维护汇率的正常浮动，保持人民币汇率在合理均衡水平上的基本稳定。

“8 · 11”汇率制度改革后，人民币汇率市场化程度大幅提升，但由于国内经济下行压力加大、国际美元走强预期增强等经济基本面因素的影响，更有单边人民币贬值预期的自我强化，使得外汇市场出现动荡不停、资本外流加剧的情况。同时，人民币汇率弹性也在不断增加，由单边升值转为双向波动，市场化汇率双向波动成为常态。因此，做好人民币汇率双向活动的市场沟通和预期引导，成为稳定汇率市场、深化汇率形成机制改革的关键。值得注意的是，由于人民币汇率的市场预期是善变的，政府要重视但不能盲从，随波逐流会迷失改革的方向。居民集中购汇现象值得警惕，境内机构和个人要树立正确的对外投资理念，全民炒汇不是真正的投资。随着汇率市场的成熟发展，政府和个人要对人民币汇率双向波动主动适应和调整，政府为加强市场沟通和预期管理，应发挥其对市场决定性的作用，摆事实说内行话，避免政策朝令夕改，加强汇率政策的韧性和回旋余地，以及主动沟通消灭政策不确定性。

汇率波动于国际资本流动具有显著的“共振”关系。跨境资本流动特别是短期资本流动，正逐渐成为影响人民币汇率的重要因素。随着全球主要经济体经济运行和宏观政策的分化，全球资本会在更大规模和更大范围上进行重新配置，使得跨境资本流动波动加大、方向多变，加大了未来人民币汇率走势的不确定性，也增大了有效实施宏观政策的难度。未来，随着利率市场化改革的深入，人民币国际化的推进，以及国家经济发展的态势，中国仍将延续跨境资本流动大幅波动的状况，调控难度日益增加，对人民币汇率波动的影响也将加大。因此，未来要加大对热钱流入流出的监管，稳妥有序推进资本账户开放，利用 G20、IMF 等平台机构加强国际间合作协调。总之，要加强资本流动安全预警机制，加强对跨境资本流动的监管，特别是对短期资本流动的监管，加强资本账户和宏观审慎管理，切实维护中国金融稳定和金融安全。

人民币汇率水平由多种来源因素决定，这些来源因素会改变汇率水平，导致人民币汇率波动。也可以认为，如果人民币汇率的来源因素保持不变，其均衡汇率水平不会发生改变，人民币汇率波动也就不会发生。一般而言，相对货币供给量、国际收支差额、劳动生产率变化、各国通胀水平、国内外国民收入水平、国内外利率差、政府的市场干预以及对未来汇率的预期等，都是引起人民币汇率波动的重要来源因素。可以简单划分为来自贸易变动的冲击和来自金融市场的冲击。前者可以通过改变国际收支状况化解来自贸易变动的压力。后者可以靠金融市场进一步开放，推动利率市场化，以减轻汇率波动的影响。目前，美元波动成为人民币汇率波动的主要来源。由于美联储加息导致美元走强，使得前期累积的贬值压力较大，在“8·11”中间价报价机制改革后，人民币汇率出现了较大幅度贬值，中国人民银行通过抛售外汇储备以稳定汇率，值得注意的是，这些都是暂时性的波动。换言之，中国经济基本面不支持人民币汇率进入贬值通道。

在全球经济前景持续面临较多下行风险和不确定的背景下，汇率的过度波动和无序调整会影响中国的经济和金融稳定。汇率政策作为国家重要宏观经济政策，与货币政策、财政政策进行宏观协调与搭配，有助于解决宏观经济领域存在的问题和矛盾，实现国民经济更好、更稳、更快发展。宏观经济政策会通过不同的政策选项和路径对人民币汇率波动产生影响，国家可以采取汇率政策直接干预汇率市场，也可以采用货币政策和财政政策对汇率进行干预。值得注意的是，在采取宏观经济政策稳定国内经济发展的同时，也要充分考虑对汇率波动的冲击。通过加强汇率政策与货币政策、财政政策的宏观协调，保持人民币汇率稳定，可以增强国际社会对人民币的信心，对人民币国际化有重要意义。现阶段，中国宏观政策要坚持实行积极的财政政策和稳健的货币政策，在保持人民币汇率基本稳定的同时，逐步形成以市场供求为基础、双向浮动、有弹性的汇率运行机制，充分发挥宏观经济政策的协调作用，实现中国经济和金融稳定发展。

第 12 章　预期管理：增强人民币的“话语权”

汇率预期指的是经济主体对汇率在未来一段时间内变化趋势和幅度的一种判断。即期汇率反映的是买卖外汇双方成交当天或两天以内进行交割的汇率；远期汇率反映的是市场对未来汇率走势的主观预测。

12.1　人民币汇率预期管理的重要性

2016 年，人民币兑美元汇率中间价继 5 月 4 日暴跌 400 点之后，6 日再次下调，三天跌幅超过 600 点。随后在 6 月初受到美元加息预期的影响，再次走低数百点。美元的走强，也诱发了国际市场对人民币加快兑美元贬值的担忧情绪。

根据“巴拉萨—萨缪尔森”理论，经历快速经济增长的国家其实际汇率应处于上升状态。人民币汇率却出现了一轮贬值现象，汇率波动加大，导致市场贬值预期的强化，进一步加大了汇率贬值压力。

对新兴经济体和发展中国家而言，2016 年充满了挑战。在大宗商品价格下跌及金融条件收紧背景下，新兴经济体面临增长放缓、资本流入减少、外汇储备下降和货币贬值等压力。新兴市场国家平均实际汇率创数十年来新低。与此同时，更多的发达经济体实施负利率，试探货币政策新底线。部分发达国家如丹麦央行从2012年起开始了负利率试验，2014年欧元区和瑞士央行实施负利率，2016年2月日本央行加入负利率阵营。

尽管欧洲央行和日本央行继续推行宽松货币政策，美国联邦储备委员会已经启动渐进加息进程，全球金融条件渐趋收紧。

中国作为一个经济大国，人民币汇率的变动不仅引发国内股汇两市的频繁震荡，还引发了全球各种资产价格及商品价格的大调整。全球市场各种利益关系的重大调整，全球资金流向的根本改变，尤其投机资金的大规模流入流出，都给中国经济与金融稳定带来冲击和影响，加大了经济运行的不稳定性。

人民币大幅贬值预期的自我实现，可能波及其他新兴市场，带来竞争性贬值的连锁反应，尤其是与中国有紧密贸易往来的国家，从而恶化中国的国际贸易环境。因此，中国有必要了解汇率预期对国内经济的影响机制和影响结果，进而引导市场对本国货币汇率的预期，充分利用预期管理对经济发展的正面作用，预防和调节市场预期对本国经济产生的不利影响，进而建立一套完善的人民币预期管理体系。

12.2 汇率预期管理的国际经验及启示

央行预期管理的实践可归纳为四大手段：一是货币政策声明以及声明的补充报告内容；二是通过定期经济评估公布对相关变量的经济预测；三是发布经济预测，Serge Jeanneau（2009）调查发现84%的央行发布经济预测；四是货币政策委员会成员讲话、国会证词等。

预期管理的形式还包括央行发布新闻稿、记者招待会、会议纪要、定期报告或者货币政策报告、央行官员讲话等。以上预期管理方式既有常规性，即事先安排好的报告、讲话、声明等，也有一定主动性和选择性，如为了引导预期应对经济中突发事件的扰动而安排的讲话等。

美联储前主席伯南克认为货币政策具有双重含义，第一个是“what you do”，代表了货币政策执行政策利率调整；第二个是“what you say”，代表了货币当局与公众的对话。对话的主要作用是稳定公众通货膨胀预期，引导政策利率路径预期，增加货币政策透明度和货币政策可预测性，从而提高货币政策的效力。

货币政策实质是管理预期[①]。货币当局与公众的对话所形成的预期管理已成为各国货币政策工具箱中使用最频繁的工具，是一种新的货币政策工具。美联储按惯例每年举行八次会议及四次新闻发布会。

（1）预期管理在美、英、日等宏观政策框架地位提升

本轮国际金融危机之前，预期管理并不是美联储、英格兰银行和日本央行货币政策的核心原则。尤其是在格林斯潘时代，格林斯潘常以较为模糊的表述来应对市场的关切。而伯南克则注重以简单、透明和公开的原则与市场保持沟通。

国际金融危机爆发后，美国反思并发现，私人部门的支出决策主要取决于收入、就业、长期利率等重要指标的长期预期而非短期变化，公众对政策调整信号性的认识大多来自未来长期政策走势的预期，美联储认为，在进行市场预期管理、引导市场微观主体对未来经济的乐观预期是政策发力的重要基础。

---

① 李永宁，王晓峰，赵钧．管理预期：货币政策新工具“SAY”探息［J］．证券市场导报，2011（9）．

（2）美联储、英格兰银行及日本央行预期管理的核心要素

美联储在应对本轮危机后的经济复苏进程中，以定期议息会议及纪要和美联储官员讲话为渠道，有效地引导市场预期和微观主体行为，以实现货币政策的整体目标。把市场微观主体行为的预期引导作为预期管理的出发点。同时，把前瞻性指引作为预期管理的核心手段。前瞻性指引（Forward Guidance）是指央行会对货币政策未来动向提供指引，会包含一些量化指标和条件，让投资者更容易解读央行的政策意图。作为一项央行所采用的货币政策工具，由央行本身的预期来影响市场对未来基准利率水平的预期。前瞻性指引大致可分为明示和暗示。明示方式即对外公告央行的预测及未来目标，称为奥德赛（Odyssean）式。暗示方式即央行以隐晦的方式来传达政策意图，称为德尔斐（Delphic）式，是不太具约束力的前瞻指引版本，但也能达到预期效应。

英国央行2014年8月7日推出前瞻指引政策，首次将货币政策与失业率、通胀率挂勾。英国央行的长期目标是在尽量避免经济增长受不必要波动的情况下，将通胀率降至2%以内。英国央行同时提出了终止前瞻指引政策的三个条件：一是未来18～24个月以内，通胀率不能降至2.5%左右；二是中期通胀率预期出现恶化，未能降至目标值2%左右；三是金融市场稳定因超低利率水平而受到威胁等。当其中一项条件未达标准，前瞻指引将会失效，长期低利率的保证也将随之失效。

美国经验则表明，前瞻性指引的成功实施应具备三个条件（匡可可等，2015）：一是前瞻性指引的有效性取决于央行的信誉；二是前瞻性指引应被视作央行的承诺；三是前瞻性指引应该是准确、简单和易懂的。但也有研究（曾刚等，2014）认为，前瞻性指引作为引导市场预期变化的政策工具，不是一种严格的政策承诺，而是一种条件预测的政策准备。

无论是美联储还是英格兰银行或是日本央行，在预期管理中注重明确界定预期管理所依托的量化经济指标。总体来看，通货膨胀、就业及产能利用率等指标是美联储预期管理的三类重要指标，尤其是通胀和就业均是英格兰银行和日本央行预期管理的两大核心指标。2012 年 12 月，美联储前瞻性指引从时间指引转变为阈值指引后，通胀和就业已成为两个最为准确、简单和易懂的观察目标，即 2.5% 和 6.5% 两个阈值。

央行货币政策的传导成效与金融市场的理性预期紧密相关。美联储在理念上选择的是透明公开的“沟通革命”（Communication Revolution），建立与市场沟通的机制。其次是信息披露机制，美联储通过简单、明确、易懂的议息会议声明让市场较好地捕捉政策的意图与趋势。最后，美联储通过官员的公开演讲与金融市场、实体经济部门的参与者进行沟通和互动。

（3）美联储预期管理的三大基本原则

一是针对性原则。注重提升政策的针对性和系统性，通过政策刺激、投资扩张、消费提振和出口振兴等一揽子政策组合来解决衰退和失业问题。

二是长期性原则。美联储一直强调政策框架应该注重政策长期性。其非常规货币政策框架通过预期管理实现了三个目标：降低长期利率、提高资产价格和就业市场改善。

三是平衡性原则，主要体现在三个方面：充分就业与物价稳定的平衡；非常规政策的收益与风险的平衡；就业增长、通货膨胀和金融稳定三大目标的平衡。在金融稳定成为美联储第三大职能后，美联储注重三个目标的平衡。

（4）前瞻性指引的政策经验

前瞻性指引是美联储进行预期管理、引导市场行为、实现政策目标的核心手段。美国前瞻性指引主要经历了三个发展阶段：

一是开放式指引，即只确定政策方向不设置政策实行的时间和指标。如2008年底美联储宣布降低基准利率至零水平并将“在一段时间内维持极低利率水平”。

二是时间指引，即确定政策实行的时间阶段。如2012年9月美联储宣布将出台新一轮量化宽松政策，并将超低利率期限延长至2015年中期。美联储利用时间指引来明确政策的执行阶段，隐含了政策潜在的调整时点。

三是阈值指引或状态指引，即设定明确的量化政策目标。如2012年12月美联储预期管理的主要手段由时间指引修正为阈值指引，失业率和通胀率就成为美联储政策维持或退出的两大“阈值”指标。美联储通过前瞻指引，提升了政策的公信力，同时为政策退出提供了更为明确的市场预期与准备，私人部门可根据两个指标与阈值的走势进行决策。

12.3 人民币汇率预期管理

贬值预期强化与自我实现造成了人民币对美元贬值加快。人民币贬值预期改变了微观主体结售汇意愿和资产币种配置偏好，推动我国跨境资金流出压力不断上升。尽管人民币不具备大幅贬值空间。监管层仍要加强和改善市场沟通和预期引导，积极管理人民币汇率预期。

人民币远期产品市场主要有境内（在岸）银行间远期市场和境外（离岸）无本金交割远期（NDF）市场两大类。从人民币远期汇率与即期汇率之间的价差走势和远期汇率走势可看出人民币汇率预期的变化。人民币汇率采取直接标价法。

2008 年国际金融危机爆发之前，海外市场对人民币长期存在单边升值预期，美元兑人民币 NDF 报价持续走低。危机后，人民币对美元单边升值预期变为有升有贬的双向预期，美元兑人民币 NDF 报价时高时低。2014 年以来，美元兑人民币 NDF 报价持续高于境内美元兑人民币中间价，反映出海外市场出现持续的人民币贬值预期。2015 年 8 月 11 日央行改革中间价汇率形成机制，美元兑人民币 NDF 报价出现一轮急升，并带领离岸与在岸即期汇价以及境内远期汇价走升。这期间美元对人民币远期汇价均高于即期汇价，离岸汇价高于在岸汇价，说明境内外市场均存在人民币贬值预期，海外市场贬值预期显著。

国际金融协会（IIF）最近估计，2016 年全球投资者将从中国撤出 5380 亿美元资金，尽管资本流出速度已下降，比去年的 6740 亿美元下降 1/5，但是人民币“无序”贬值的隐忧仍在。

人民币贬值反映了市场预期自我实现的特点。随着经济调整不断深入，关于中国经济增速下滑的舆论不绝于耳。近年来，我国地方政府融资平台、银行资产质量、房地产市场走势等问题不断被市场炒作，这进一步增加了投资者对人民币资产安全性和盈利性的疑虑，国际市场存在看空人民币的情绪。

与此同时，央行在改革增强人民币汇率中间价形成机制市场化后，又推出参考一篮子货币的 CFETS 人民币汇率指数，减少市场干预，增强汇率波动弹性。央行对人民币汇率的控制能力削弱，加上市场贬值预期上升，激发了国际空头做空离岸市场的人民币，并进而带动在岸市场人民币贬值。

2015年1～12月，银行累计结汇107247亿元人民币（等值17231亿美元），累计售汇136608亿元人民币（等值21889亿美元），累计结售汇逆差29361亿元人民币（等值4659亿美元）。其中，银行代客累计结汇96099亿元人民币，累计售汇128581亿元人民币，累计结售汇逆差32482亿元人民币；同期，银行代客累计远期结汇签约8128亿元人民币，累计远期售汇签约20265亿元人民币，累计远期净售汇12137亿元人民币。

这说明受人民币贬值预期影响，境内经济主体购汇意愿强烈，结汇意愿下降，企业、个人等更倾向于保留外汇收入。在人民币贬值预期加剧的情况下，境内外微观经济主体纷纷对资产负债币种结构进行调整，减持人民币资产，增持美元资产，加快偿还对外负债。

人民币贬值预期也改变海外投资者的人民币资产配置。“香港金管局数据显示，2015 年香港人民币存款减少 1524 亿元，降幅达 15.2%，这是香港人民币存款首次出现全年减少。

2015 年全年银行结售汇逆差 4659 亿美元。从银行结售汇数据看，第一季度逆差 914 亿美元，第二季度逆差收窄至 139 亿美元，第三季度逆差扩大至 1961 亿美元，第四季度逆差回落至 1644 亿美元。从银行代客涉外外汇收付款数据看，第一季度至第四季度逆差分别为 253 亿美元、16 亿美元、1637 亿美元和 631 亿美元，第四季度外汇净流出较第三季度下降 61%。

境内外微观经济主体的结汇意愿和资产配置偏好造成 2015 年我国跨境资金由净流入转为净流出，且流出压力持续加大。人民币兑美元在过去一年贬值 5.6%，引发资本从中国加速外流。尽管央行不断向金融体系投放现金来弥补资金外流，但此类宽松措施可能会进一步削弱人民币汇率，并引发恶性循环。

2015 年我国外汇储备总计下降 5127 亿美元，其中 12 月创下有统计数据以来单月最大降幅，减少规模达 1079 亿美元。影响外汇储备规模变动的因素比较多，包括央行在外汇市场的操作、外汇储备投资资产的价格波动、汇率变化以及储备支持“走出去”的资金运用等，但是主要因素是汇率、价格等非交易价值变动使得外汇储备账面价值减少逾千亿美元。国际收支平衡表数据显示，2015 年前三季度，因外汇市场供求买卖形成的外汇储备资产累计下降 2272 亿美元；而同期外汇储备账面余额减少 3289 亿美元，意味着汇率折算等估值因素导致外汇储备账面价值减少 1017 亿美元。

官方外汇储备的减少也导致市场对中国外汇储备充足性的担忧。一方面，国内企业和居民抛售人民币资产增持美元资产，“藏汇于民”的行为相应减少官方外汇储备。另一方面，为维护人民币对美元汇率的基本稳定，央行必要时出手进行市场干预，卖出美元买入人民币，从而带来官方外汇储备的减少。

人民币贬值预期导致跨境资金流出，我国外汇占款出现趋势性减少。2015 年我国金融机构外汇占款减少 2.82 万亿元，其中 12 月份减少 6290 亿元，创历史最大降幅。2015 年 9 月、10 月、11 月、12 月基础货币余额持续同比负增长。

人民币贬值预期造成银行结售汇持续逆差，也相应减少以外汇占款形式的人民币资金投放，减少银行体系流动性供给。由贬值预期加剧的资本外流也使货币政策降准、降息等操作受到约束，政策的腾挪空间被压缩。在人民币贬值预期和跨境资金流出的双重压力下，金融调控面临“蒙代尔的三元悖论”，即本国货币政策的独立性、汇率的稳定性、资本的完全流动性最多只能三选二的“三难选择”。

人民币贬值预期持续存在容易造成恐慌情绪跨市场传导，导致内地股市与香港股汇两市剧烈震荡。2016 年年初，我国内地股市出现异常波动，沪深 300 指数两周跌幅超过 16%，上证综指跌幅超过 18%，中小板和创业板指数跌幅更是在 20% 以上，市场跌幅甚至超过了全球金融危机的 2008 年 1 月份。

汇市与股市双双大跌，严重打击市场信心并进而传导致香港股汇两市。2016 年年初以来的两周多时间，港币兑美元汇率从 7.75 贬值到 7.8228，创 2007 年以来新低，恒生指数累计下跌 13.7%。

2015 年沪港通的推出，沪股与港股之间出现可控的资金小规模双向流动。根据统计，2016 年 2 月 18 日起，沪港通持续呈现双向净流入状态，6 个交易日净流入总计达到 20.3 亿元。尽管资金渠道较为狭窄，但是香港股汇两市与内地股汇两市之间存在的预期和信息传导，表现在岸人民币市场和香港离岸人民币市场之间存在较为明显的引导和反馈效应。

12.4 预期管理是汇改核心

近年来，央行不断完善人民币兑美元汇率的中间价形成机制，并对人民币汇率形成机制进行改革。2015 年以来，强化了参考一篮子货币进行调节的人民币兑美元汇率中间价形成机制。目前，初步形成了“收盘汇率 + 一篮子货币汇率变化”的中间价形成机制。

“收盘汇率”是指上日 16 时 30 分银行间外汇市场的人民币兑美元收盘汇率，反映了外汇市场供求状况。“一篮子货币汇率变化”是指为保持人民币对一篮子货币汇率基本稳定所要求的人民币兑美元双边汇率的调整幅度，目的是为了保持当日人民币汇率指数与上一日人民币汇率指数相对稳定。做市商在报价时既会考虑 CFETS 货币篮子，也会参考 BIS 和 SDR 货币篮子，以剔除篮子货币汇率变化中的噪音，在国际市场波动加大时，有一定的过滤器作用。

从 2016 年 3 月份的情况看，每个交易日人民币兑美元汇率中间价变动与这一机制都是相符的，在美元兑其他货币贬值时，人民币兑美元汇率中间价在收盘汇率基础上有所升值，反之反是。

根据国际通行标准，经常项目余额 /GDP 在［–4%，4%］的区间内一般意味着该国汇率已接近均衡汇率水平。我国经常项目顺差与 GDP 之比已连续多年低于 3%，2013 年仅为 1.4%，2014 年为 2.1%，2015 年前三季度为 1.9%。从我国国际收支状况看人民币接近均衡汇率水平[①]。

尽管人民币不具备大幅贬值空间，但在当前市场情绪脆弱、人民币贬值预期无法消退的情况下，放任人民币贬值预期将会造成悲观情绪，打击投资者信心，并导致人民币兑美元在短期内出现“汇率超调”以及跨境资金加剧外逃，进而冲击我国经济金融稳定。为此，管理层需要加强和改善市场沟通和预期引导，积极管理人民币汇率预期。

人民币兑美元汇率中间价形成机制后，中央政策立场更多地向财政政策倾斜。2016 年作为“十三五”开局之年，是中国经济转型攻坚的开始，“去产能、去库存、去杠杆”将会对经济增长造成一定的负面冲击。在此背景下，央行在人民币纳入 SDR、人民币国际化取得阶段性成果之后，把政策重心转向国内，通过调整人民币汇率形成机制，来增强货币政策的独立性，更多的服务于国内经济转型的需要。

① 李若愚 . 加强沟通引导积极管理人民币汇率预期［N］. 上海证券报，2016–2–17.

预期管理意味着宏观政策要稳定，要加强前瞻性引导，汇率形成机制改革等金融政策的出台要提高透明度，就政策意图等方面提前与市场进行合理和良好的沟通，推动投资者形成稳定预期，防止政策“突袭”带来市场过度反应。

未来人民币贬值预期在相当长时间内可能继续存在。管理人民币贬值预期，政府相关部门应第一时间表明立场、采取措施、宣示对策，及时稳定市场预期，必要时可通过强化市场干预、管控跨境套利和适度的资本管制来实现人民币汇率的“维稳”。

短期内，可通过市场干预来实现人民币的“维稳”；长期来看，要坚定推进人民币“盯住”一篮子货币，实现自由浮动的市场化改革，做好制度设计和政策安排，实现人民币汇率制度的顺利转型。

随着我国外汇市场参与主体、交易手段、投资理念的日益复杂，对市场走势和货币政策的解读很容易出现巨大分歧，各种极端言论借助互联网很容易迅速在市场传播，并诱发剧烈的情绪波动，这就要求央行必须高度关注市场舆情，通过高频深入的市场沟通主动引导市场预期。

从发达国家央行的管理经验看，选择与市场进行充分沟通是主流做法。通过频繁的政策暗示并观测市场反应，在政策出台之前，提前给市场可能出现的负面政策解读打好预防针，在政策出台后及时对市场的过激反应予以安抚，可以最大程度地降低市场误读政策的风险。

参考文献

[1] Cheung，Y.W.，Chinn，M.D.，and Pascual，A.G.，Empirical Exchange Rate Modles of the Nineties：Are Any Fitto Survive？ [J].Journal of Internatinal Money and Finance，2005，24（7）：1150–1175.

[2] EICHENGREENB.The World's Top Currency Faces Competition：The Dollar Dilemma[J].Foreign Affairs，2009，88：53–68.

[3] Pew Research Center：*Public Uncertain*，*Dividedover America's Placein the World*，May5th，2016.

[4] Tavlas，G.S.，Ozeki，Y.The Internationalization of Currencies：An Appraisal of the Japanese Yen[R].IMF Occasional Paper，No.90，Jan，1992.

[5] US Department of Treasury：*Foreign Exchange Policies of Major Trading Partners of the United States*，April29，2016.

[6] 安宇宏 . 特里芬难题 [J]. 宏观经济管理，2013（8）.

[7] 伯努瓦・科尔 . 非常规货币政策的溢出效应 [J]. 中国金融，2015（15）.

[8] 陈彪如 . 国际货币体系 [M]. 上海：华东师范大学出版社，1996.

[9] 陈鸾 . 探讨人民币双重汇率制度时期（1981~1993）[J]. 企业导报，2011.

［10］陈雨露．国际金融（第四版）［M］．北京：中国人民大学出版社，2011.

［11］陈雨露．国际金融（第五版）［M］．北京：中国人民大学出版社，2015.

［12］仇新忠．我国经济经融化的成因、后果及对策［J］．商业文化（学术版），2010（09）．

［13］戴金平，熊爱宗，谭书诗．国际货币体系：何去何从？［M］．厦门：厦门大学出版社，2012.

［14］丁剑平、周建芳．影响人民币汇率形成的因素研究：对预期、联动和参照构成的分析［M］．北京：中国金融出版社，2010.

［15］董君．国际货币体系研究：变迁、规律与改革［M］．北京：中国经济出版社，2013.

［16］高瑛．从国际汇率制度的历史变迁看美国所扮演的角色和影响［J］．金融理论与实践，2010（11）．

［17］龚秀国．后金融危机时代“美国因素”、美元汇率战略及其对华国际溢出效应分析［J］．四川大学学报，2013（2）．

［18］顾晶晶，陶士贵．人民币外升内贬：成因与疏解［J］．政策研究，2015（2）．

［19］管涛．“7·21”汇改启示：完善汇率机制要妥善处理单边预期［N］．经济观察报，2016-2-27.

［20］管涛．当前做好汇率预期管理更重要［J］．新金融，2016（3）：4-7.

［21］管涛．中国当前做好汇率预期管理更重要［N］．上海证券报，2016-1-20.

［22］郭庆平，王爱俭主编 . 汇率政策与利率政策协调机制研究［M］. 北京：中国金融出版社，2007：57.

［23］韩会师 . 如何有效管理汇率预期［J］. 中国外汇，2016（6）.

［24］黑田东彦 ."尼克松冲击"与"广场协议"［J］. 金融发展研究，2014（3）.

［25］黄薇 . 汇率制度与国际货币体系［M］. 北京：社会科学文献出版社，2014.

［26］黄晓东 . 人民币汇率制度与汇率水平问题研究［M］. 北京：中国经济出版社，2014 年 .

［27］黄益平 . 大国崛起与人民币汇率政策［J］. 新金融，2007（12）.

［28］加特纳 . 汇率经济学——理论模型与实证分析［M］. 吕随启，译 . 北京：中国市场出版社，2009.

［29］金雷军，钟意 . 汇率波动影响金融稳定的传导机制研究［J］. 浙江大学学报（人文社会科学版），2013（02）.

［30］金永琪 . 布雷顿森林体系的崩溃及"石油美元"的延续［J］. 中国石油和化工经济分析，2012（10）.

［31］李露，孙含越 . 人民币汇率波动区间扩大：改革意义大于实际影响［N］. 证券时报，2014-3-27（A17）.

［32］李若愚 . 加强沟通引导积极管理人民币汇率预期［N］. 上海证券报，2016-2-17.

［33］李小平，冯云，吴冲锋 . 金融危机前后的汇率波动特征［J］. 管理科学学报，2012（04）.

［34］李晓峰、黎琦嘉 . 外汇市场汇率预期研究进展［J］. 经济学动态，2009（3）.

[35] 李永宁，王晓峰，赵钧.管理预期：货币政策新工具“SAY”探息[J].证券市场导报，2011（9）.

[36] 梁伟.人民币汇率波动对中国HS分类商品进出口影响的实证分析[J].经济研究导刊，2015（22）：184–190.

[37] 刘世锦.供给侧改革的主战场在要素市场[J].新金融评论，2015（6）.

[38] 卢峰，刘鎏.我国两部门劳动生产率增长及国际比较（1978–2005）——巴拉萨—萨缪尔森效应与人民币实际汇率关系的重新考察[J].经济学（季刊），2007，（2）：357–380.

[39] 钱志远.加入WTO后中国外汇管理体制的变革[J].河南学习论坛，2006.

[40] 秦凤鸣.人民币汇率：过去、现在与未来[M].北京：中国金融出版社，2012.

[41] 冉生欣.布雷顿森林体系的不对称性及其启示[J].新金融，2006（2）.

[42] 石莉，赵子铱.金融危机的根源：牙买加货币体系[J].贵州社会科学，2011（7）.

[43] 束金中.人民币汇率并轨后走势趋强的原因及其展望[J].国际商务研究，1995.

[44] 宋海.人民币汇率制度改革与国际化研究[M].北京：中国金融出版社，2011.

[45] 宋晗.汇率变化与房地产市场的联动趋势——预期及其他因素的实证浅析[J].技术经济，2007（9）.

[46] 苏均和.利率、汇率联动与资本市场的关联效应[J].探索与争鸣，

2008（2）.

［47］孙国伟，孙立坚.古典金本位体系及其现代启示［J］.世界经济研究，2014（2）.

［48］田国立.人民币国际化与国际货币体系新格局［J］.国际金融，2016（1）.

［49］王健博.论布雷顿森林体系的确立与解体［J］.中国经贸，2013（14）.

［50］王元龙.人民币汇率形成机制的完善［J］.经济理论与经济管理，2005.

［51］王元龙.中国抉择：人民币汇率与国际化战略［M］.北京：中国金融出版社，2012.

［52］武聪."负利率"问题研究的演进与新进展［J］.经济理论与经济管理，2012（09）.

［53］夏良科.汇率、汇率制度与对外直接投资——国际的经验和中国的实证.天津：南开大学，2010.

［54］肖爱华.人民币汇率变动对我国出口和投资的影响［D/OL］.江苏南京：南京大学，2012-5-24.

［55］肖凤娟.1978年以来我国的外汇管理体制改革与资本管制政策［J］.中央财经大学学报，2011.

［56］肖立晟.从欧洲汇率目标区制看人民币汇改［J］.金融博览，2016（2）：30-31.

［57］谢平，邹传伟.中国金融改革思路［M］.北京：中国金融出版社，2013.

［58］徐高.如何稳定人民币汇率预期？［EB］.华尔街见闻，2016-1-

28.

［59］徐奇渊，杨盼盼.东亚货币转向盯住新的货币篮子[J].金融研究，2016，(3).

［60］徐奇渊，杨盼盼.人民币国际化，苦练内功不可少[N].人民日报，2014-07-10(23).

［61］徐奇渊、刘力臻.人民币国际化进程中的汇率变化研究[M].北京：中国金融出版社，2009.

［62］徐炜，裴平，王亮洁.人民币汇率与中国居民消费的实证研究[J].南京师大学报（社会科学版），2011（6）：57-63.

［63］许方达.论牙买加体系下汇率主权的新发展[J].商贸从横，2014(23).

［64］杨帆.人民币汇率制度历史回顾[J].中国经济史究，2005.

［65］杨丽华.人民币汇率形成机制改革成效研究[J].观察思考，2016(6).

［66］杨速炎.负利率“劫贫济富”的幕后黑手[J].金融经济，2010(21).

［67］易宪容.当下人民币汇率预期管理的命门[N].上海证券报，2016-2-3.

［68］易宪容.稳定汇率预期需遏制做空人民币获利[N].每日经济新闻，2015-9-29.

［69］银峰.经济金融化趋向汲取对我国金融发展的启示[J].求索，2012(10).

［70］于超.人民币国际化进程中外汇市场与资本市场的互动研究.浙江杭州：浙江大学，2013.

[71] 于津平. 汇率变化如何影响外商直接投资. 世界经济，2007（4）.

[72] 于卓君. 对经济金融化的观察与思考 [J]. 现代经济信息，2016（01）.

[73] 袁野. 人民币升值对我国出口作用效果弱化问题研究 [D/OL]. 吉林长春：东北师范大学大学，2008-5-13.

[74] 张斌，徐奇渊. 汇率与资本项目管制下的人民币国际化 [R].（2016-01-24）.RCIF 工作论文 No.2016.001.

[75] 张金洪. 管理好全球人民币汇率预期 [N]. 中国证券报，2015-08-26.

[76] 张礼卿主编. 国际金融 [M]. 北京：高等教育出版社，2011：55.

[77] 张鹏. 中国汇率政策研究 [D]. 大连：东北财经大学，2006.

[78] 张新颖. 英国霸权下的国际金本位制——从霸权稳定论看 1870—1914 年的国际货币体系 [J]. 山东财政学院学报，2009（4）

[79] 郑宝银. 负利率下的经济 [J]. 国际贸易问题，2004（11）.

[80] 中国人民大学货币研究所. 人民币国际化报告 [M]. 北京：中国人民银行大学出版社，2015.

[81] 中国人民银行. 关于完善人民币兑美元汇率中间价报价的声明 [N].2015-8-11.

[82] 中国人民银行. 人民币国际化报告（2015 年）[R].2015-6-11.

[83] 中国人民银行. 中国人民银行举行关于完善人民币兑美元汇率中间价报价吹风会文字实录 [N].2015-8-13.

[84] 中国人民银行广州分行课题组. 汇率预期、货币选择与人民币国际化 [J]. 南方金融，2016（2）.

[85] 中国人民银行货币政策分析小组. 中国货币政策执行报告二〇

一六年第一季度 [R].2016-5-6.

[86] 中国人民银行金融研究所 . 人民币汇率形成机制改革进程回顾与展望 [R]. 研究报告，2011.

[87] 中国人民银行阳江市中心支行青年课题组 . 基于动物精神理论的汇率预期研究 [J]. 南方金融，2016 (2).

[88] 中国银行 . 人民币国际化白皮书 2015[R]，2015-11-9.

[89] 中央财经大学中国金融发展研究院 . 金融开放进程中人民币汇率若干问题研究（第二辑）[M]. 北京：人民币出版社，2015.

[90] 钟意 . 汇率波动、金融稳定与货币政策 [D]. 杭州：浙江大学，2014.

[91] 周京奎 . 利率、汇率调整对房地产价格的影响——基于理论与经验的研究 [J]. 金融理论与实践，2006 (12).

[92] 周游、张成思 . 经济金融化分析 [J]. 中国金融，2016 (04).

[93] 祝亚婷 . 金融危机传染机制探究——以欧债危机为例 [J]. 商，2012 (23).

[94] 邹佳洪 . 人民币汇率的市场微观结构分析 [J]. 投资研究，2016 (2).

后 记

2015年“8·11”汇改之后，人民币汇率出现大幅波动，此后一年中，人民币兑美元汇率小幅震荡走低，从约6.20:1跌至约6.70:1，这一过程，与人民币加入特别提款权（SDR）篮子从2015年11月宣布到2016年10月1日正式纳入，大致同期。由此，汇率，成了一个重大而又带有一丝敏感的话题。在此背景下，中国人民大学重阳金融研究院设立人民币汇率研究课题，组建汇率研究专家团队，从大历史的角度认识全球汇率大变局，分析理解人民币汇率和中国的改革大局，衡量人民币汇率的国际影响力，反隐映中国经济的国际影响力。

在我们看来，人民币汇率问题变得如此重要，是中国经济崛起进程中的历史必然，同时也是中国经济金融改革持续深化的结果。随着中国经济的高速增长和社会财富总量的积聚，中国在全球金融格局中的角色也发生了重大转变——从资本净输入国转变为资本净输出国，同时，人民币国际化进程加速，中国资本项目进一步开放，人民币作为投资、贸易以及储备货币的需求日益强劲，可以说，人民币汇率变化的影响将涉及方方面面。

随着人民币地位的提升，人民币资产将继续上升为最具投资潜力的资产领域。在这新近构成的图景中，我们认为人民币走向强势货币的节奏至关重要。中国从贸易和加工为主导的低成本优势向产业链优势和金融优势转化是大国崛起的必然选择，但关键是要稳定人民币价值，增进国家、企业和居民福利，保持内外部经济的平衡发展。

这项课题的设立，源自中国人民大学重阳投资教育基金会联席理事长裘国根先生的提议和无私支持，课题写作期间，曾得到上海重阳投资公司总裁王庆博士的关心指导，在此特做说明。

本书能够成型，与中国人民大学以及重阳金融研究院的领导高度重视密不可分，他们不仅对课题予以支持，并且还提出了诸多宝贵建议。他们是：中国人民银行副行长、原中国人民大学校长陈雨露教授，中国人民大学校长刘伟教授，中国人民大学常务副校长、重阳金融研究院学术委员会主任王利明教授，中国人民大学财政金融学院院长、重阳金融研究院院长郭庆旺教授以及重阳金融研究院学术委员会的委员阎庆民（天津市副市长）、查显友（北京市通州区委常委、原中国人民大学副校长）、柯伟林（哈佛大学中国基金会主席）、章星（北京高华证券有限公司 CEO）。

在课题研究过程中，我们参阅了诸多文献，吸取了众多学者的研究成果，很多业内专家、学者给予了有力的支持与帮助。在此要感谢本课题的顾问专家团队，他们是（排名不分先后）：张燕玲（原中国银行副行长、人大重阳高级研究员）、魏本华（原国家外汇管理局副局长、人大重阳高级研究员）、刘志勤（原瑞士苏黎世州银行北京首席代表、人大重阳高级研究员）、张承惠（国务院发展研究中心金融研究所所长）、丁志杰（对外经贸大学校长助理）、刘纪鹏（中国政法大学资本金融研究院院长）、赵锡军（中国人民大学财政金融学院副院长）、邹平座（中国人民银行金融研究所首席研究员）、赵昌会（中国进出口银行首席国家风险分析师、人大重阳高级研究员）、涂永红（中国人民大学财政金融学院教授、国际货币研究所副所长）、张捷（中国政法大学资本金融研究院交易学中心主任）、张岸元（东兴证券首席经济学家、原国家发改委经济研究所财政金融研究室主任）。没有他们的详细建议和细心修改，本书不可能完成。当然，文责还须由本书执笔团队负责。

本书执笔团队成员为（排名不分先后）：胡玉玮（中证金融研究院研究员）、徐凡（对外经济贸易大学英语学院讲师）、辛惠爽（国务院发展研究中心信息网金融部研究员）、赵然（首都经贸大学金融学院讲师）、陈曦（中国人民大学国际关系学院博士生）、杨盼盼（中国社会科学院世界经济与政治研究所助理研究员）、郑伟（中国社科院亚太与全球战略研究院博士后）、陶坤玉（中央财经大学金融学院讲师）、高惺惟（中央党校经济学部讲师）、卞永祖（中国人民大学重阳金融研究院研究员）、曹明弟（中国人民大学重阳金融研究院研究员）、刘英（中国人民大学重阳金融研究院研究员）、杨凡欣（中国人民大学重阳金融研究院项目主管）、黎旺明（中央党校研究生）、李振（中国人民大学财金学院博士生）、展腾（中国人民大学重阳金融研究院助理研究员）、程阳（中国人民大学重阳金融研究院助理研究员）。

本书由王文、贾晋京审稿。写作章节和人员如下：

前言：王文、贾晋京，导论：卞永祖、黎旺明，第一章：陶坤玉，第二章：陈曦，第三章：郑伟，第四章：赵然，第五章：徐凡，第六章：辛惠爽，第七章：高惺惟，第八章：曹明弟，第九章：胡玉玮、程阳，第十章：杨盼盼，第十一章：李振、展腾，第十二章：刘英、杨凡欣。

项目组成员为（排名不分先后）：孙西辉（中国社会科学院亚太与全球战略研究院博士后、副教授）、吉翔（民生银行总行）、相均泳（中国人民大学重阳金融研究院产业研究部副主任）、杨福鼎（中国人民大学重阳金融研究院项目副主管）。

同时，本书亦有许多差强人意之处，希望广大读者批评不足、指正错误。

中国人民大学重阳金融研究院图书出版系列

一 . 智库作品系列

《中国—G20》（大型画册），中国人民大学重阳金融研究院著，五洲传播出版社，2016.08.

《G20 问与答》，中国人民大学重阳金融研究院著，五洲传播出版社，2016.08.

《全球治理的中国方案》，辛本健编著，机械工业出版社，2016.08.

《一带一路国际贸易支点城市研究（英文版）》，中国人民大学重阳金融研究院编译，新世界出版社，2016.08.

《2016：G20 与中国（英文版）》，中国人民大学重阳金融研究院著，新世界出版社，2016.07.

《世界是通的 —— "一带一路"的逻辑》，王义桅著，商务印书馆，2016.06.

《一盘大棋——中国新命运的解析》，罗思义著，江苏凤凰文艺出版社，2016.04.

《美国的焦虑》，王文著，人民出版社，2016.03.

《2016：G20与中国》，中国人民大学重阳金融研究院著，中信出版集团，2016.02.

《“一带一路”国际贸易新格局：一带一路智库研究蓝皮书2015-2016》，中国人民大学重阳金融研究院主编，中信出版集团，2016.01.

《G20与全球治理：G20智库蓝皮书2015-2016》，中国人民大学重阳金融研究院主编，中信出版集团，2015.12.

《一带一路国际贸易支点城市研究》，中国人民大学重阳金融研究院主编，中信出版集团，2015.12.

《从丝绸之路到欧亚大陆桥》，黑尔佳·策普-拉鲁什，威廉·琼斯主编，江苏人民出版社，2015.10.

《财富新时代——如何激活百姓的钱》，王永昌主笔&主编，中国经济出版社，2015.07.

《生态金融的发展与未来》，陈雨露主编，人民出版社，2015.06.

《构建中国绿色金融体系》，绿色金融工作小组著，中国金融出版社，2015.04.

《“一带一路”机遇与挑战》，王义桅著，人民出版社，2015.04.

《重塑全球治理——关于全球治理的理论与实践》，庞中英著，中国经济出版社，2015.03.

《中国经济出版社金融制裁——美国新型全球不对称权力》，徐以升著，中国经济出版社，2015.01.

《大金融与综合增长的世界——G20智库蓝皮书2014-2015》，陈雨露主编，中国经济出版社，2014.11.

《欧亚时代——丝绸之路经济带研究蓝皮书2014-2015》，中国人民大学重阳金融研究院主编，中国经济出版社，2014.10.

《重新发现中国优势》，中国人民大学重阳金融研究院主编，中国经济出版社，2014.08.

《谁来治理新世界——关于 G20 的现状与未来》，中国人民大学重阳金融研究院主编，社会科学文献出版社，2014.01.

二. 学术作品系列

《金融杠杆水平的适度性研究》，朱澄著，中国金融出版社，2016.10.

《金融监管与宏观审慎》，马勇著，中国金融出版社，2016.04.

《中国艺术品金融 2015 年度研究报告》，庄毓敏、陆华强、黄隽主编，中国金融出版社，2016.03.

三. 金融下午茶系列

《有趣的金融》，董希淼著，中信出版集团，2016.07.

《插嘴集》，刘志勤著，九州出版社，2016.01.

《多嘴集》，刘志勤著，九州出版社，2014.07.

《金融是杯下午茶》，中国人民大学重阳金融研究院主编，东方出版社，2014.04.